佛教的女性观

中国佛学经典宝藏

130

永明 著

星云大师总监修

人民东方出版传媒

东方出版社

总序

星云

自读首楞严，从此不尝人间糟糠味；
认识华严经，方知已是佛法富贵人。

诚然，佛教三藏十二部经有如暗夜之灯炬、苦海之宝筏，为人生带来光明与幸福，古德这首诗偈可说一语道尽行者阅藏慕道、顶戴感恩的心情！可惜佛教经典因为卷帙浩瀚、古文艰涩，常使忙碌的现代人有义理远隔、望而生畏之憾，因此多少年来，我一直想编纂一套白话佛典，以使法雨均沾，普利十方。

一九九一年，这个心愿总算有了眉目。是年，佛光山在中国大陆广州市召开"白话佛经编纂会议"，将该套丛书定名为《中国佛教经典宝藏》①。后来几经集思广

---

① 编者注：《中国佛教经典宝藏》丛书，大陆出版时改为《中国佛学经典宝藏》丛书。

益，大家决定其所呈现的风格应该具备下列四项要点：

一、启发思想：全套《中国佛教经典宝藏》共计百余册，依大乘、小乘、禅、净、密等性质编号排序，所选经典均具三点特色：

1. 历史意义的深远性

2. 中国文化的影响性

3. 人间佛教的理念性

二、通顺易懂：每册书均设有原典、注释、译文等单元，其中文句铺排力求流畅通顺，遣词用字力求深入浅出，期使读者能一目了然，契入妙谛。

三、文简意赅：以专章解析每部经的全貌，并且搜罗重要的章句，介绍该经的精神所在，俾使读者对每部经义都能透彻了解，并且免于以偏概全之谬误。

四、雅俗共赏：《中国佛教经典宝藏》虽是白话佛典，但亦兼具通俗文艺与学术价值，以达到雅俗共赏、三根普被的效果，所以每册书均以题解、源流、解说等章节，阐述经文的时代背景、影响价值及在佛教历史和思想演变上的地位角色。

兹值佛光山开山三十周年，诸方贤圣齐来庆祝，历经五载、集二百余人心血结晶的百余册《中国佛教经典宝藏》也于此时隆重推出，可谓意义非凡，论其成就，则有四点可与大家共同分享：

《中国佛学经典宝藏》

华人佛学界顶级专家团队编撰。大陆首次引进简体中文版。

读得懂，买得起，藏得下的"白话精华大藏经"。

《中国佛学经典宝藏》白话版系列丛书，共计132册，由星云大师总监修，大陆、台湾百余专家学者通力编撰而成。

丛书依大乘、小乘、禅、净、密等性质编号排序，将古来经律论中之经典著作，依据思想性、启发性、教育性、人间性的原则，做了取其精华、舍其艰涩的系统整理。每种经典都按原文、注释、译文等体例编排，语言力求通俗易懂、言简意赅，让佛学名著真正做到雅俗共赏；还以题解、源流、解说等章节，阐述经文的时代背景、影响价值及在佛教历史和思想演变上的地位角色。丛书还开创性地收录了一些有代表性的现代读本。

星云大师 总监修

"人间佛教"的践行本

专家推荐

星云大师常常说，佛学不是少数人的专利，它应该是每一个人都能够接触的。这套书推动了白话佛学经典的完成。

——依空法师

佛光山长老，文学博士，印度哲学博士

星云大师对编修《中国佛学经典宝藏》非常重视，对经典进行注、译，包括版本源流梳理，这对一般人去看经典、理解经典的思想，是有帮助的。

——赖永海

南京大学教授，旭日佛学研究中心主任

《中国佛学经典宝藏》精选了很多篇目，是能够把佛法的精要，比较全面地给予介绍。

——王志远

中国社会科学院研究生院导师，中国宗教协会副会长

传统大藏经 **VS** 中国佛学经典宝藏

第一回合	卷帙浩繁	VS	精华集萃
	普通人阅读没头绪、没精力、看不懂。		星云大师亲选132种书目，提纲挈领，方便读经。
第二回合	古文艰涩 繁体竖排	VS	白话精译 简体横排
	佛经文辞晦涩，多用繁体竖排版：读经门槛高。		经典原文搭配白话精译，既可直通经文，又可研习原典。
第三回合	经义玄奥 难尝法味	VS	专家注解 普利十方
	微言大义，法义幽微，没有明师指引难理解。		华人佛学界顶级专家精注精解，一通百通。

《中国佛学经典宝藏》目录

手机淘宝
扫一扫

深入经藏,智慧如海。

本套佛学经典适合系统的修习、诵读和佛堂珍藏。

咨询电话:尤冲 010-8592 4661

一、**佛教史上的开创之举**：民国以来的白话佛经翻译虽然很多，但都是法师或居士个人的开示讲稿或零星的研究心得，由于缺乏整体性的计划，读者也不易窥探佛法之堂奥。有鉴于此，《中国佛教经典宝藏》丛书突破窠臼，将古来经律论中之重要著作，做有系统的整理，为佛典翻译史写下新页！

二、**杰出学者的集体创作**：《中国佛教经典宝藏》丛书结合中国大陆北京、南京各地名校的百位教授、学者通力撰稿，其中博士学位者占百分之八十，其他均拥有硕士学位，在当今出版界各种读物中难得一见。

三、**两岸佛学的交流互动**：《中国佛教经典宝藏》撰述大部分由大陆饱学能文之教授负责，并搜录台湾教界大德和居士们的论著，借此衔接两岸佛学，使有互动的因缘。编审部分则由台湾和大陆学有专精之学者从事，不仅对中国大陆研究佛学风气具有带动启发之作用，对于台海两岸佛学交流更是帮助良多。

四、**白话佛典的精华集萃**：《中国佛教经典宝藏》将佛典里具有思想性、启发性、教育性、人间性的章节做重点式的集萃整理，有别于坊间一般"照本翻译"的白话佛典，使读者能充分享受"深入经藏，智慧如海"的法喜。

今《中国佛教经典宝藏》付梓在即，吾欣然为之作序，并借此感谢慈惠、依空等人百忙之中，指导编修；吉广兴等人奔走两岸，穿针引线；以及王志远、赖永海等大陆教授的辛勤撰述；刘国香、陈慧剑等台湾学者的周详审核；满济、永应等"宝藏小组"人员的汇编印行。由于他们的同心协力，使得这项伟大的事业得以不负众望，功竟圆成！

《中国佛教经典宝藏》虽说是大家精心擘划、全力以赴的巨作，但经义深邈，实难尽备；法海浩瀚，亦恐有遗珠之憾；加以时代之动乱，文化之激荡，学者教授于契合佛心，或有差距之处。凡此失漏必然甚多，星云谨以愚诚，祈求诸方大德不吝指正，是所至祷。

一九九六年五月十六日于佛光山

原版序
敲门处处有人应

慈惠

　　《中国佛教经典宝藏》是佛光山继《佛光大藏经》之后，推展人间佛教的百册丛书，以将传统《大藏经》精华化、白话化、现代化为宗旨，力求佛经宝藏再现今世，以通俗亲切的面貌，温渥现代人的心灵。

　　佛光山开山三十年以来，家师星云上人致力推展人间佛教，不遗余力，各种文化、教育事业蓬勃创办，全世界弘法度化之道场应机兴建，蔚为中国现代佛教之新气象。这一套白话精华大藏经，亦是大师弘教传法的深心悲愿之一。从开始构想、擘划到广州会议落实，无不出自大师高瞻远瞩之眼光，从逐年组稿到编辑出版，幸赖大师无限关注支持，乃有这一套现代白话之大藏经问世。

　　这是一套多层次、多角度、全方位反映传统佛教文化的丛书，取其精华，舍其艰涩，希望既能将《大藏经》

深睿的奥义妙法再现今世，也能为现代人提供学佛求法的方便舟筏。我们祈望《中国佛教经典宝藏》具有四种功用：

一、是传统佛典的精华书

中国佛教典籍汗牛充栋，一套《大藏经》就有九千余卷，穷年皓首都研读不完，无从赈济现代人的枯槁心灵。《宝藏》希望是一滴浓缩的法水，既不失《大藏经》的法味，又能有稍浸即润的方便，所以选择了取精用弘的摘引方式，以舍弃庞杂的枝节。由于执笔学者各有不同的取舍角度，其间难免有所缺失，谨请十方仁者鉴谅。

二、是深入浅出的工具书

现代人离古愈远，愈缺乏解读古籍的能力，往往视《大藏经》为艰涩难懂之天书，明知其中有汪洋浩瀚之生命智慧，亦只能望洋兴叹，欲渡无舟。《宝藏》希望是一艘现代化的舟筏，以通俗浅显的白话文字，提供读者遨游佛法义海的工具。应邀执笔的学者虽然多具佛学素养，但大陆对白话写作之领会角度不同，表达方式与台湾有相当差距，造成编写过程中对深厚佛学素养与流畅白话语言不易兼顾的困扰，两全为难。

三、是学佛入门的指引书

佛教经典有八万四千法门，门门可以深入，门门是无限宽广的证悟途径，可惜缺乏大众化的入门导览，不易寻觅捷径。《宝藏》希望是一支指引方向的路标，协助十方大众深入经藏，从先贤的智慧中汲取养分，成就无上的人生福泽。

四、是解深入密的参考书

佛陀遗教不仅是亚洲人民的精神归依，也是世界众生的心灵宝藏。可惜经文古奥，缺乏现代化传播，一旦庞大经藏沦为学术研究之训诂工具，佛教如何能扎根于民间？如何普济僧俗两众？我们希望《宝藏》是百粒芥子，稍稍显现一些须弥山的法相，使读者由浅入深，略窥三昧法要。各书对经藏之解读诠释角度或有不足，我们开拓白话经藏的心意却是虔诚的，若能引领读者进一步深研三藏教理，则是我们的衷心微愿。

大陆版序一

赵朴初

　　《中国佛教经典宝藏》是一套对主要佛教经典进行精选、注译、经义阐释、源流梳理、学术价值分析，并把它们翻译成现代白话文的大型佛学丛书，成书于二十世纪九十年代，由台湾佛光文化事业有限公司出版，星云大师担任总监修，由大陆的杜继文、方立天以及台湾的星云大师、圣严法师等两岸百余位知名学者、法师共同编撰完成。十几年来，这套丛书在两岸的学术界和佛教界产生了巨大的影响，对研究、弘扬作为中国传统文化重要组成部分的佛教文化，推动两岸的文化学术交流发挥了十分重要的作用。

　　《中国佛学经典宝藏》则是《中国佛教经典宝藏》的简体字修订版。之所以要出版这套丛书，主要基于以下的考虑：

　　首先，佛教有三藏十二部经、八万四千法门，典籍浩瀚，博大精深，即便是专业研究者，穷其一生之精力，恐也难阅尽所有经典，因此之故，有"精选"之举。

其次，佛教源于印度，汉传佛教的经论多译自梵语；加之，代有译人，版本众多，或随音，或意译，同一经文，往往表述各异。究竟哪一种版本更契合读者根机？哪一个注疏对读者理解经论大意更有助益？编撰者除了标明所依据版本外，对各部经论之版本和注疏源流也进行了系统的梳理。

再次，佛典名相繁复，义理艰深，即便识得其文其字，文字背后的义理，诚非一望便知。为此，注译者特地对诸多冷僻文字和艰涩名相，进行了力所能及的注解和阐析，并把所选经文全部翻译成现代汉语。希望这些注译，能成为修习者得月之手指、渡河之舟楫。

最后，研习经论，旨在借教悟宗、识义得意。为了将其思想义理和现当代价值揭示出来，编撰者对各部经论的篇章品目、思想脉络、义理蕴涵、学术价值等所做的发掘和剖析，真可谓殚精竭虑、苦心孤诣！当然，佛理幽深，欲入其堂奥、得其真义，诚非易事！我们不敢奢求对于各部经论的解读都能鞭辟入里，字字珠玑，但希望能对读者的理解经义有所启迪！

习近平主席最近指出："佛教产生于古代印度，但传入中国后，经过长期演化，佛教同中国儒家文化和道家文化融合发展，最终形成了具有中国特色的佛教文化，给中国人的宗教信仰、哲学观念、文学艺术、礼仪习俗等留下了深刻影响。"如何去研究、传承和弘扬优秀佛教文化，是摆在我们面前的一个重要课题，人民东方出版传媒有限公司拟对繁体字版的《中国佛教经典宝藏》进行修订，并出版简体字版的《中国佛学经典宝藏》，随喜赞叹，寥寄数语，以叙因缘，是为序。

二〇一六年春于南京大学

大陆版序二

依空

　　身材高大、肤色白皙、擅长军事的亚利安人，在公元前四千五百多年从中亚攻入西北印度，把当地土著征服之后，为了彻底统治这里的人民，建立了牢不可破的种姓制度，创造了无数的神祇，主要有创造神梵天、破坏神湿婆、保护神毗婆奴。人们的祸福由梵天决定，为了取悦梵天大神，需要透过婆罗门来沟通，因为他们是从梵天的口舌之中生出，懂得梵天的语言——繁复深奥的梵文，婆罗门阶级是宗教祭祀师，负责教育，更掌控了神与人之间往来的话语权。四种姓中最重要的是刹帝利，举凡国家的政治、经济、军事、文化等等都由他们实际操作，属贵族阶级，由梵天的胸部生出。吠舍则是士农工商的平民百姓，由梵天的膝盖以上生出。首陀罗则是被踩在梵天脚下的土著。前三者可以轮回，纵然几世轮转都无法脱离原来种姓，称为再生族；首陀罗则连轮回的因缘都没有，为不生族，生生世世为首陀罗，子孙也倒霉跟着宿命，无法改变身份。相对于此，贱民比首陀罗更为卑微、低贱，连四种姓都无法跻身其中，只能从事挑粪、焚化尸体等最卑贱、龌龊的工作。

出身于高贵种姓释迦族的悉达多太子，为了打破种姓制度的桎梏，舍弃既有的优越族姓，主张一切众生皆平等，成正等觉，创立了佛教僧团。为了贯彻佛教的平等思想，佛陀不仅先度首陀罗身份的优婆离出家，后度释迦族的七王子，先入山门为师兄，树立僧团伦理制度。佛陀更严禁弟子们用贵族的语言——梵文宣讲佛法，而以人民容易理解的地方口语来演说法义，这就是巴利文经典的滥觞。佛陀认为真理不应该是属于少数贵族、知识分子的专利或装饰，而应该更贴近普罗大众，属于平民百姓共有共知。原来佛陀早就在推动佛法的普遍化、大众化、白话化的伟大工作。

佛教从西汉哀帝末年传入中国，历经东汉、魏晋南北朝、隋唐的漫长艰巨的译经过程，加上历代各宗派祖师的著作，积累了庞博浩瀚的汉传佛教典籍。这些经论义理深奥隐晦，加以书写的语言文字为千年以前的古汉文，增加现代人阅读的困难，只能望着汗牛充栋的三藏十二部扼腕慨叹，裹足不前。

如何让大众轻松深入佛法大海，直探佛陀本怀？佛光山开山宗长星云大师乃发起编纂《中国佛教经典宝藏》。一九九一年，先在大陆广州召开"白话佛经编纂会议"，订定一百本的经论种类、编写体例、字数等事项，礼聘中国社科院的王志远教授、南京大学的赖永海教授分别为中国大陆北方与南方的总联络人，邀请大陆各大学的佛教学者撰文，后来增加台湾部分的三十二本，是为一百三十二册的《中国佛教经典宝藏精选白话版》，于一九九七年，作为佛光山开山三十周年的献礼，隆重出版。

六七年间我个人参与最初的筹划，多次奔波往来于大陆与台湾，小心谨慎带回作者原稿，印刷出版、营销推广。看到它成为佛教徒家中的传家宝藏，有心了解佛学的莘莘学子的入门指南书，为星云大师监修此部宝藏的愿心深感赞叹，既上契佛陀"佛法不舍一众"的慈悲本怀，更下启人间佛教"普世益人"的平等精神。尤其可喜者，欣闻现大陆出版方东方出版社潘少平总裁、彭明哲副总编亲自担纲筹划，组织资深编辑精校精勘；更有旅美企业家鲁彼德先生事业有成之际，秉"十方来，十方去，共成十方事"之襟怀，促成简体字版《中国佛学经典宝藏》的刊行。今付梓在即，是为序，以表随喜祝贺之忱！

二〇一六年元月

目 录

第一章 绪论

今天欧美先进国家及我国妇女，早已取得了平等的社会地位，男女平等的原则，几已无人质疑，而社会上亦几不复见有公开蔑视女性人权的议论。至于佛教界，女性的参与日益激增，女性对佛教的推展可说正扮演一举足轻重的地位。然教界中的妇女，仍不免囿于昔日"男尊女卑""佛教卑视女性"等种种歧视之议论或主张，而自缚手脚，不能尽兴发挥女性特长，裨益于大众，实是教界的一大憾事！

佛陀倡导打破婆罗门四种姓的不平等制度，其立论之根本，即立基于众生自性平等的思想。既然众生平等，男女又何独外于众生？从这一个观点出发，佛陀主张男女平等的理论基础于焉奠立。

在理论上，男女平等固然不成问题。事实上，在佛陀当时的印度，却有诸般障碍，一时之间仍无法直接而立即地完全实现佛陀慈悲的本怀。无可讳言的，当时印度社会环境中的女性，因为礼教的束缚和歧视，在思想行动上受到很大的限制。为了使妇女脱离诸般痛苦，提高她们的地位，同时也为了避免广大人群的激烈反对和异教徒的攻击，佛陀因此采取了缓和的、渐进的方式，来促进男女的平等。他一方面教化妇女，唤醒女性的自觉自励，以提高女性的素质水平；另一方面则逐步改变社会观念，希望人们能借着对众生平等性的切实体验，自然建立对男女间的究竟平等观。因此，我们从佛经上，尤其是小乘教典中，都可以看到许多对于妇女痛下贬责的教言。这也可说明为何在浩瀚的经典中，有些部分似乎主张男女平等，而有些部分却似乎有蔑视女性之论的缘故了。

释尊对于妇女的贬责，不仅出现在许多经典中，而且痛斥妇女的罪恶，也极为深刻。还有佛陀最初不许女众出家，甚至订定比丘尼的八敬法，都被人们认为佛教是不讲男女平等、蔑视女性的。同时，小乘经典中及《法华经》的《提婆达多品》，说女人身有五障：一者不得做转轮圣王；二者不得做帝释天王；三者不得做魔王；四者不得做大梵天王；五者不得成佛。因而有人据以指称女人不能成佛，而断定"佛教事实并非女权论者"[①]。

其实，这些论断都是因为忽略了佛教的本质、佛法的真精神而造成的。

小乘者固然有重男轻女的现象，但这一瑕疵却更衬托出往后崛起的大乘佛教对女权之争取与男女平等之倡导的重要性。《法华经》说女身有五障，其意并不是究竟显示一乘妙旨的《法华经》之旨趣，而是舍利弗尊者站在小乘立场所提出的。然出家是大丈夫事，佛陀既承认女众和男众一样，可以出家，可以修行，可以积聚福德，可以开发智慧，可以解脱生死，即已显示了男女在修行次第上，乃至证悟成佛之中，是绝对平等的。况且佛在姨母大爱道比丘尼入灭后，举起她的舍利对大众明确地宣示：

> 斯聚舍利，本是秽身凶愚急暴、轻心疾转嫉妒阴谋，败道坏德为乱作先之类，今母拔女人凶愚之秽，为丈夫行获应真道，还灵本无净过虚空，行高无盖何其健哉！②

这是佛陀赞叹大爱道比丘尼所行堪称为真大丈夫，而告诫诸比丘，即使一般男子，不论出家与否，如果没有做好大丈夫所应做到的事，也不够资格称为大丈夫。那么，佛法的重视男女平等，在佛陀的这番开示中，已明确地表达无遗了！

其次，从佛所悟证的平等空寂性来观察，更可看出男女的究竟平等性。因为男子是法性如如，女子亦如是，在一如无二的平等真理中，男女还有差别吗？又女转男身、女性的授记成佛、往生净土，都可说是佛陀在为求实现男女平等的循序渐进路上，所开显的善巧方便，实质上，是不离男女平等之原则的。

原始教典中长老尼偈，胜鬘夫人的三大愿十大受③，善财的参访女性善知识，佛教的以女性象征慈悲……在在都表现出女性的慈悲与智慧之特长。因而，本论将以这些佛教经典中所显示的男女平等观，来启发女性，使优秀的妇女亦能穷于教理的研究，并以妇女的慈爱、悲心、美德，将佛法弘扬于家庭、社会，以造福人群。至于男性，本于佛教的男女平等观，对妇女的学佛、出家应予以鼓励，彼此截长补短协力于佛法的传扬，而不应以大男人主义之心态予以卑视、排斥或压抑。如此方是佛陀平等真义的实现与社会和谐进步之道。

本论研究范围将以佛教兴起时代至密教兴起前的大乘佛教为探讨对象（约自公元前六—五世纪至公元七〇〇年），理由是自佛陀诞生迄今，佛教的发展已有二千余年的历史。在如此漫长的岁月中，随着时代的变迁和生活环境的差异，人们对佛教的女性遂持有各种不同的阐释，若欲一一加以论述，实非笔者现有之时间、能力及篇幅所能尽述。自佛陀悟道弘法至涅槃，经小乘各部派的分裂，大乘起而予以活泼发扬，后期大乘密教之兴起，以迄印度佛教之灭亡，在这数度起伏之间，笔者以为佛教在印度兴起的时代以迄印度密教兴起前的这段时期，最能代表佛陀的男女平等观。或者有人要问：原始佛教时期岂非更能直探其原始面貌？然而遗憾的是，此时期现有的资料十分有限，因此无法完整地予以阐述，故而尚须以发扬佛陀思想及佛教精神的大乘时代之教典加以说明、论证。职是之故，笔者冀以佛教兴起的时代以迄印度密教兴起之前这段时期作为研究范围，对佛教的女性观加以探讨。

资料的取材以原始资料为主，再以前辈学者的研究成果，为重要的参考资料。原始资料的来源、出处，以《新修大正藏经》《南传大藏经》为主，其他如《大正藏经索引》《日本国译一切经》等，都是参考的资料根据。近代学者的著作，则以国人和日人为多，如印顺、星云、演培等法师及古正美、木村泰贤、云井昭善、平川彰、中村元、岩本裕、香川孝雄、龙村龙平、永田瑞等学者。古正美以英文发表《大乘佛教的女性观》，于美国威斯康辛获得博士学位。其他如日人岩本裕、香川孝雄、龙村龙平、春日礼智等，都有关于佛教女性观之著作或类似作品。这些著作多以五障说、变性转身说等概括论述，间或言及比丘尼八敬法问题，惜未深入探讨。印顺、星云两位法师都曾以佛法的男女平等观、佛法的女性观等为讲题，分别于海内外弘法布教，颇能直探世尊的本怀，于后辈青年甚多启示。笔者拟循此路径，以僧团中之一比丘尼身份的体验，对经典中所论述的女性，以及诸前辈学者的研究成果，综合加以探讨，期能剀切阐述佛教的女性观。

至于研究方法，主要由经典中所记载对女性的种种看法、论述加以分析，并与佛陀的平等思想、教育方法相比较，希望借此分析、比较的方法能客观研讨出佛教的女性观。本论文除绪论、结论外，共分四章，且顺着佛教的发展，就着原始、小乘乃至大乘各阶段的主要论点而予以阐述。其中各个论点是交错的连贯，而非点的分散。各章主旨如下：

第二章：佛教兴起时代的印度社会和女性——主要以印度低落的女性地位和不平等的四姓差别制度为背景，来说明佛陀的众生平等观，以奠定佛教的男女平等思想。

第三章：原始佛教时代的女性观——由原始经典中出现的母亲、妻子、媳妇、女人四种形象，说明佛陀对女性的教化、警惕，以及佛教对在家女性理想典范的树立，并从生活伦理中显示男女的平等性。其次，由女性出家与比丘尼教团的成立，说明男女道器的平等。

第四章：小乘佛教时代的女性观——本章主旨在于对女人五障说、佛的三十二相和女人不成佛说等思想做一检讨，以澄清佛陀的平等真义。

第五章：大乘佛教时代的女性观——由大乘佛教经典中出现的女性成佛观、女人作师子吼及大乘菩萨与女性的关系中，显示女权的倡导和发展、女性的智慧和慈悲特质。

最后，本论文之结论除综合说明佛教的女性观是男女平等，佛教是女权的倡导者外，并将略述目前我国妇女参与佛教的情况及其所扮演的角色，以确立现代社会的佛教女性观，作为现代比丘尼及一般女性信众言行的参考。

注释

①以佛教经典中的五障说而论断女人不能成佛，这是一般小乘者的说法。又日本的岩本裕博士则据此断定佛教并非倡导女权者。(香川孝雄，《印度学佛教学研究——仏教の女性观》，日本印度学佛教学会，一九七五年三月，二三卷，第二号四五页。)

②《佛母般泥洹经》(大正二·八七〇中)。

③**三大愿：**

（A）以此实愿，安慰众生，以此善根，得正法智；

（B）得正法智已，以无厌心为众生说法；

（C）于摄受正法，舍身命财护持正法。

十大受：

（A）于所受戒不起犯心；

（B）于诸尊长不起慢心；

（C）于诸众生不起恚心；

（D）于他身色及外众具不起嫉心；

（E）于内外法不起悭心；

（F）不自为己受畜财物，凡有所受，悉为成熟贫苦众生；

（G）不自为己行四摄法，以不爱染心、无餍足心、无挂碍心，摄受一切众生；

（H）对孤苦疾病苦难众生终不暂舍，必欲安慰，以义饶益，令脱众苦；

（I）对众恶犯戒者终不弃舍，应折伏者而折伏之，应摄受者而摄受之，令法久住，随佛转法轮；

（J）摄受正法终不忘失。

第二章
佛教兴起时代的印度社会和女性

第一节 佛陀时代的印度社会经济和
政治情况

古印度社会在大约公元前二千年雅利安人入侵以前，已经有数种民族居住，各自发展其文化[①]。他们所构成的是母系的部族，散居于各地的小村落。雅利安人入侵后，他们征服原住民，过着以父系为主的社会生活，其社会组织是由家族而氏族而部族。部族之长，称为王（rājan），是由部族人民选出，后来成为世袭。又部族的集会可由住民表达意见，显示其共和的性格。当时人民的生计以畜牧为主，后来农耕也渐渐地盛行。

约在公元前一千年左右，雅利安人大体在征定土著居民后，继续着农工商业的发展，而此时的雅利安人已由印度河上游地方，移住于恒河与阎摩那（Yamuna）两河之间的肥沃平原。古印度社会世袭的阶级制度，在这时期也渐次形成：婆罗门（祭司）阶级、刹帝利（王者、武士）阶级、吠舍（农工商）阶级和首陀罗（贱民）阶级四种[②]。前三者是雅利安人世袭的职业阶级，后一种是非雅利安人，是被征服之贱民阶级。其各阶级所司，如《摩奴法典》中所说：

> 婆罗门——学习吠陀，教授吠陀，为自祭祀，为他祭祀、布施、受施。
> 刹帝利——保护人民，布施，祭祀，学习吠陀，对欲境不染着。
> 吠舍——饲养家畜，布施，祭祀，学习吠陀，从事商业、金融、农耕。
> 首陀罗——安分无怨，专为以上三族服务。[③]

这种阶级差别制度，经《奥义书》时代（公元前八〇〇—前六〇〇年间）以来更为成熟。其时，婆罗门标榜祭祀至上，滥收祭祀费，生活渐趋腐化。但另一方面在侨萨罗、摩揭陀等新兴国家中，王者的势力则日益增大，于管理军政外，有时还指导思想文化。其农商阶级也次第以经济的势力而抬头，因而婆罗门的阶级权势，这时便有所退减。但是这一种姓制度的思想桎梏，仍然深入于一般民众心中。在一些新兴宗教哲学间，已开始对此制度表示不满，直至佛陀出世弘扬佛法时，方主张四姓平等，公开对这一不平等的社会阶级制度加以批判。

大约公元前五六六年，佛陀诞生于此古代贵族或共和政治逐渐崩溃、王族专制政治抬头的时代④。当时有侨萨罗（Kosala）、摩揭陀（Magadha）、阿槃提（Avanti）、跋蹉（Vansa）四大王国和十数个小王国及数个共和国并存着。其中摩揭陀、侨萨罗二国是新兴王国的文化中心，又是与佛教关系最深的两国。

当时的印度社会，已从农业走向欣欣向荣的工商时期。这是由于农业社会铁器使用之后，扩大农耕效果，提高了农业生产力。此时，农民都能拥有自己的土地，不复是以往部族制度时的农地共有。农作物繁多，以米为主，此外也生产多种的谷物、果物和药草等，物产丰饶，生活富裕。益以工商业发达，形成很多小都市，其中有弓矢工、陶工、革工、锻冶工、木工等手工业者。交通四通八达，南北是陆路，东西是水路。而货币的流通，代替了以往以物易物的交换活动，显示商业经济的发展。在此经济活动热络的都市生活形态里，竞逐名利，人际纷争迭起，社会问题亦随之杂沓纷生。

又印度当时的多数国家，最先是以新兴的小都市为中心，而实行贵族政治或共和政治。由于商业发达，都市居民聚积大量的财富，工商业者组织工会，掌握了都市的经济实权。都市的经济发展，助长了都市的建设，而以这些都市为据点的大国，其王权也随之伸张，形成专制，并逐一并吞邻近小国。

在这社会组织递嬗的现象中，值得注意的是，种姓制度由于王族以及资产家的抬头，而发生了变化。原来的阶级制度变得模糊或崩溃，产生了新的阶级。当时的新阶级或身份，记载于原始佛教圣典的有：王族、婆罗门、庶民、奴隶、屠夫（candala）、污物清扫者（pukkusa）六种。然而，即使其人出身于奴隶，只要拥有财宝、米谷、金银等资产，也会受到王族、婆罗门和庶民的尊敬。反之，就是最高级的婆罗门，也有变成医师、召使、压制者、樵夫、商人、牧人、屠夫、猎户、队商的向导者等身份的可能。由此可见婆罗门阶级崩溃的一斑⑤。

这种转化的社会环境，促成了自由的革新思想（如佛陀主张种姓阶级制度的平等），形成了新的支配阶级与思想指导者集团⑥。在这新兴的时代里，女性的社会地位如何呢？我们不妨由"女性经济不能独立""多妻制度的存在"此两项指标来加以分析探讨。

第二节　印度社会中女性的地位

一、女子经济不能独立

自古印度女子在法律上便无法取得财产继承权，如《长阿含经》卷第七《弊宿经》，有这样的记载：

> 昔者此斯波醯村有一梵志，耆旧长宿，年百二十。彼有二妻，一先有子，一始有娠。时彼梵志未久命终，其大母子语小母言："所有财宝，尽应与我，汝无分也。"时小母言："汝为小待，须我分娠。若生男者，应有财分；若生女者，汝自嫁娶，当得财物。"⑦

从这段经文中，我们得知当时的印度，唯有男子方能继承财产，这是因为他们认为女性是无法独立生活的，必须依靠男子的保护与照顾。由于当时女性在经济上不能独立，因此引发了许多社会问题，例如《增壹阿含经》卷第六：

> 昔日此舍卫城中有一人，新迎妇，端正无双。尔时彼人未经几时，便自贫穷。时彼妇父母见此人

贫，便生此念：吾当夺女更嫁与余人。彼人窃闻妇家父母欲夺吾妇，更嫁与余家。尔时，彼人衣里带利刀，便往至妇家。当于尔时，彼妇在墙外纺作。是时，彼人往至妇父母家，……到已，问妇曰："云卿父母欲夺汝更余嫁耶？"妇报言："信有此语，然我不乐闻此言耶！"尔时，彼人即拔利剑，取妇刺杀，复取利剑自刺其腹，并复作是语："我二人俱取死。"⑧

经文中显示此时印度女子的生活保障是来自于男子，女人独立谋生，似乎是很困难的事。于是，产生了上述的父母欲夺女更嫁，夫刺妇死的家庭惨剧，以及以下即将叙述的妓女问题。

公元前六世纪，印度十二位婆罗门共同编成一部《爱经》，其中有一章专论"娼妓"，将古印度的妓女分为九类，以应对各种身份和阶级的男人。⑨由是可见印度娼妓制度的猖獗。佛陀时代不但娼妓人数众多，生活奢华（庄衣、严车），而且当时的妓女多为贫家女，例如《佛般泥洹经》卷上叙述着：

佛止㮈园中。有淫女人，字㮈女，有五百淫女弟子，于城中闻佛以来在㮈园中，皆敕五百淫女弟子，令好庄衣严车，从城中出，至佛所欲见佛，为佛跪拜。……佛言："汝不乐作女人者，谁使汝畜五百淫弟子者？"椿女言："是皆贫民，我养护之。"⑩

因此，佛陀时代印度社会经济的繁荣，并未能使全国贫富达到均衡，而女子经济的不能独立，是促使女子堕落于声色染缸，社会地位贬低的原因之一。

又《增壹阿含经》卷第十，有一暗婆婆利女至佛住处，请佛陀至其家中受供，佛陀默然受请。此女返途道上，遇毗舍离城中的五百童子。诸童子问该女：

"汝是女人，应当羞辱，何以打牛走车，驰向城内？"时女报曰："诸贤当知，我明日请佛及比丘僧，是故走车耳！"童子报曰："我亦欲饭佛及比丘僧，今与汝千两纯金，可限明日，使我等饭。"时女报曰："止！族姓子！我不听许。"⑪

类此经者，如《中本起经》卷下《度奈女品第十三》，奈女阿凡和利与五百女人，请佛受供，佛陀默然应许。是时城中有诸长者子，亦欲请佛。长者子得知佛陀已受阿凡和利女之请，于是前往该女住处，告诉阿凡和利：

"佛者至尊，用一切故，来化吾国。饭佛及僧，吾等应先，男尊女卑，卿当在后，慎勿供办，故来相语。"女白长者子："无以豪强威力加弱也。"⑫

无可讳言的，以上二部经中，明白地指出佛陀时代，印度社会女性地位的低落。然而，佛陀却无男女贵贱尊卑之别，如经中所说：

> 于是阿凡和利退坐白佛："不以女贱，得服法言。"……长者子白佛："此是国民，岂得在先？"佛告族姓子："如来慈普，不问尊卑。"⑬

二、多妻制度的存在

佛陀时代贵族阶级和富有人家，多妻是常有的事。例如：

（一）《佛说给孤长者女得度因缘经》：

> 有净饭王、白饭王、斛饭王、甘露饭王，并邪输陀罗、娱闭迦没哩誐惹等，六万宫嫔婇女眷属……⑭

（二）《增壹阿含经》卷第三十五：

> 婆罗门报曰……近三日已来，二妇复死。⑮

（三）《长阿含经》卷第七《弊宿经》：

一梵志，耆旧长宿，年百二十，彼有二妻。⑯

(四)《大坚固婆罗门缘起经》：

> 时辅相婆罗门，白六王言："大王！我家自有四十妻室。"⑰

那么，多妻制度由何产生？多妻制度对女性隐含的意味是什么？我们不妨试着由下列几个观点来分析研讨。

(一) 母系制度的崩坏与男权的伸张

印度在上古时代是男女分工"男猎女耕"的母系社会，逐渐地由于生活条件的改变，使得男子挟其体力上的优势，取妇女之地位而代之，从而转向父系社会。⑱又随着男权的逐渐伸张，妇人在吠陀时代，与一般男子尚具同等地位。《梨俱赞歌》的作者中，就有很多是妇人，尤其以阿特利女士，为当时诗坛之魁。在梨俱吠陀时代 (约公元前一五○○—前一○○○年)，大体是行一妻主义。至《夜柔吠陀》(约公元前一○○○—前五○○年)，妇人地位一般低落，有所谓"女子为不信""女子为污浊""可合祀于污浊之神者有三：骰子、女子、睡眠是也"⑲等摈斥妇人之语。但夫妇之间，仍是夫妻同住，妇人与丈夫同司祭场之要仪，或仅由妇人行礼等。

然至经书时代 (约公元前五○○—前二五○年)，妇人地位更形低落。据《法经》记载，妇人虽也有四姓之区别，但皆附属于男子，不许独立。幼受父保护，少年受夫保护，老则受子保护，因此妇人不适于独立。[20]此时《法经》又公认一夫多妻主义，规定婆罗门三妻、刹帝利二妻、吠舍、首陀罗各一妻。种姓地位愈高，妇人权利愈低。因而妻子的地位颇低，对丈夫有绝对服从之义务。[21]在《佛说玉耶女经》中所记载的"女人身有十恶事"[22]，亦可看出佛陀时代女子地位的低落，也就是男权伸张之极致。

（二）部族战争的结果

印度的雅利安民族在他们发展的过程中，各部落互相争夺，小的部落被并吞，往后便出现了较大的王国，并有城市的出现。同时大的王国，逐步扩大其政治与文化力量，接邻的小国也逐渐地被大国并吞。即使佛陀时代，亦是如此继续存在着彼此杀伐兼并的状况。

由于各部族间互相残杀、吞并的结果，造成大量的伤亡，于是男子人口锐减，相对的女性人数也就剧增，在此男女人口比例极度不平衡的社会状态下，多妻制度是容易存在的。

（三）子嗣观念的强化

随着农业的发达，耕作面积的扩大，工作人手的需求量大增，然死亡率偏高，因此印度一般风尚喜欢多子多孙。再加上印度女性在法律上的独立地位不被认可，财产继承权之无法取得，生子更是迫切的了。据《法经》记载：在规定年限中不能生男，即当离婚。《包达耶那法典》："若十年间不妊娠，或十二年间只生女子，或十五年间生子皆不育，则当出其妻。"[23]

又古代印度人之欲举子，有出于意想之外者。他们不仅以为依其子而将自己的肉体相续于未来，而且以为死后的灵魂，亦赖子之供养而升天。《包达耶那法典》（二、九、一六六）："依子而征服现世，依孙而得不死，依曾孙而上天界。"[24]另于印度的诸多祭祀仪典中，有所谓成男礼（Puṅsavana），即妇人怀胎三月，祈胎儿为男子的典礼。由以上所述，我们不难发现印度子嗣观念的强化，与其对多妻制度的影响，而其基本原因皆出于对女子的歧视。

综合前述所言，我们得知，印度女性经济的不能独立，是印度女子社会地位一落千丈的主要原因。而多妻制度的存在，愈益显发了男权伸张下，女性的窘态。

而在女性社会地位如此低落的印度传统社会中，主张种姓阶级平等、众生一律平等的佛教，对女性所持的看法究竟是如何呢？这个问题在往后的章节里，我们将逐一予以剖析。

第三节 四姓差别和佛陀的平等观

印度种姓差别制度的制定，最初是由于民族肤色和血统的区别，后来随着社会的进步，职业的分工，而有士、农、工、商的分业。于是，因世袭职业的结果，职业的区分转变为社会的阶级。司祭的僧侣居最上位，为婆罗门姓（Brahmaṅa）。国王、武士等政治阶级，居第二，为刹帝利姓（Ksatriya）。农、工、商等庶民，居第三，为吠舍姓（Vaiśya）。因受侵略而失去自由，被视作奴隶，从事职业的原住人民，居第四位，为首陀罗姓（Sudra）。

这四姓的名称，虽早已在《吠陀》的原人歌（Puruṣasukta）透露其萌芽的讯息："最初由原人之口生婆罗门，由臂生刹帝利，由腿生吠舍，由足生首陀罗。"但制度的确立，是在婆罗门所制定的《摩奴（Manu）法典》出世之后。最初这四种姓制度并不十分严格，到了梵书时代（公元前一〇〇〇—前八〇〇年），随着时势的影响，成为严格的社会阶级制度。四姓之间，虽有不可侵犯的区别，然上三姓同称为再生族（Dvija），是除父母所生的第一生外，仍能在相当年龄依宗教生活而得到新的生命。婆罗门和刹帝利两个种姓，都是奴隶主，他们之间也有矛盾，但一般说来是互相支持、利用的。吠舍在名义上与婆罗门和刹帝利同属再生族，都是雅利安人，但是他们中间不断产生阶级分化的现象。少数人经济地位提高，成了中小奴隶主，或成为大商人，甚至官吏。绝大多数经济地位下降，沦为类似首陀罗的人，处于奴隶边缘。至于首陀罗则被视为贱民，不许独立生活，不许触及上三级人身体，是所谓的"不可接触者"。但如剃发洗衣，不能不直接或间接触及身体者，则稍微触及无关紧要。他们是为宗教所不救的贱民，不能如其他三种种姓同有讽诵吠陀和祭神的权利，只有依俗文学的叙事诗及俗话之类而稍得一点宗教的慰藉，所以叫作一生族（Ekajata），没有再生的希望，宗教信仰是被剥夺的。

此四种阶级享受的是彻底的差别待遇，婆罗门为了巩固自己的统治地位，把社会上不同阶层人民的权利、义务，甚至生活细节，都刻板地规定下来，不得逾越。四姓间不能通婚，甚至不能共食。婆罗门自居于高位，为着自身的权力而讴歌，认为自己是从梵天之口所生的尊贵者，如：

> 婆罗门自言："我第一，他人卑劣。我白，余人黑。婆罗门清净，非非婆罗门。是婆罗门子从口生，婆罗门所化，是婆罗门所有。"[25]

但是佛陀是四姓阶级的否定者，因而处处攻击婆罗门的专横与社会种姓制度的不平等。佛陀所处的印度社会阶级情况，如《十诵律》卷第九说：

> 汝刹利种！……汝应学乘象马、乘车辇舆，学捉刀楯弓箭，学捉铁钩，学掷网罗，学入阵出阵，如是种种刹利技术汝应学。……

> 汝婆罗门种！……汝应学韦陀经，亦教他学。自作天祠，亦教他作。学饮食咒、蛇咒、疾行咒、劬罗咒、捷陀罗咒，如是种种婆罗门技术汝应学。……

> 汝估客种！……汝应学书、算数、印相，学知金银相、丝绵缯彩，学坐金肆、银肆、客作肆、铜肆、珠肆，如是种种估客技术汝应学。……汝锻师种！……汝应学作钏、鉾、锁、鼎、镢铧、锹、镬，斧鞘大刀、小刀，钵拘钵多罗，半拘钵多罗，大捷镒、小捷镒、剃刀、针、钩、锁、钥，如是种种锻师技术汝应学。……汝木师种！……汝应学作机关木人，若男若女，学作盆盂、楼犂、车乘、辇舆，如是种种木师技术汝应学。……汝陶师种！……汝应学知土相，取土调泥着水多少，学转轮作盆、瓶、釜、盖，大钵拘钵多罗，半拘钵多罗，大捷镒、小

捷镃，如是种种陶师技术汝应学。……汝皮师种！……汝应学知皮相，渍皮坚软，裁割缝连，作富罗革屣，学治浸皮、摩刬皮，知皮表里，学作鞍勒鞭靫，如是种种皮师技术汝应学。……汝竹师种！……汝应学知竹苇相，浸竹坚软，学破，学屈，学作稍箭、扇盖、箱箪，如是种种竹师技术汝应学。……汝剃毛师种！……汝应学知留顶上周罗发，学剃须、剃腋下毛，剪爪甲，镊鼻毛，如是种种剃毛师技术汝应学。……汝旃陀罗种！……汝应学截人手足耳鼻，头持着木上，学担死人出烧，如是种种旃陀罗技术汝应学。[26]

这是当时印度社会分工的情形，至于婆罗门所规定四姓优劣的差别制度，佛陀是坚决加以反对，而主张四姓平等不分优劣，倡导一切众生悉是平等，打破社会人民所受于阶级的枷锁。因为佛以为四种姓皆应是清净平等的，一切优劣应决定于人的行为。如：

> 并非人天生就是低微，
> 也非天生就是婆罗门，
> 是人的行为决定他的低微，
> 是人的行为决定他属婆罗门。[27]

×××　　　　×××

个人的姓和名，

不过是人处世的代号，

不过是一种继承，

当人一出生，他就拥有姓名。㉘

×××　　　×××

家世无法肯定他不是婆罗门，

出身也无法否定他是婆罗门，

是人的行为决定一切，

是人的行为决定他是否为婆罗门。㉙

×××　　　×××

由于人的行为显示他是农夫，

由于人的行为显示他是工匠，

由于人的行为显示他是商人，

由于人的行为显示他是仆人。㉚

×××　　　×××

由于人的行为看出他是强盗，

由于人的行为看出他是武士，

由于人的行为看出他是僧侣，

由于人的行为看出他是国王。㉛

同样在汉译经典中，佛陀说明"天下有四种，四种皆佳"。贵贱在于行为的善恶，即使是贵为佛陀，在其本生中，亦曾为不同阶级身份之人。如：

> 我经中以施行为本，施行善者最为大种。其天
> 下尊贵者，皆施行善得耳，不以种得也。我先世无
> 数劫时，亦作婆罗门子，亦作刹利子，亦作田家子，
> 亦作工师子，自致为王子，今身为佛。……若说种
> 类者在何所？人种类皆从心意识出。心意识施行善
> 者，生天上、人间；心意识恶者，入虫兽、畜生、
> 鬼神、地狱道中。……天下人无种类、无有常。高
> 明者，心意志善施行好，是为尊贵，心意施行恶，
> 是为下贱。[32]

婆罗门对自己的出身之夸耀，为佛陀的弟子破斥其
偏见以说明四姓平等的例子很多，如《杂阿含经》卷二
十，佛弟子摩诃迦旃延秉承佛意，告诉摩偷罗国王说：

> "大王！当知四姓悉平等耳！无有种种胜如差
> 别。世间言说，故有婆罗门第一。婆罗门白，余者
> 悉黑。婆罗门清净，非非婆罗门。婆罗门生，生从
> 口生，婆罗门作，婆罗门化，婆罗门所有，当知业
> 真实、业依。"[33]

因为无论从财力说、法律说、政治说或道德说、随
业受报说，四姓完全是平等的，是机会均等的。

（一）从财力说：

"大王！汝为婆罗门王，于自国土，诸婆罗门、刹利、居士、长者，此四种人悉皆召来，以财以力，使其侍卫，先起后卧，及诸使令，悉如意不？"答言："如意。""大王！刹利为王，居士为王，长者为王，于自国土，所有四姓，悉皆召来，以财以力令其侍卫，先起后卧，及诸使令，皆如意不？"答言："如意。""大王！如是四姓悉皆平等，有何差别？"

（二）从法律和政治说：

"大王！此国土中有婆罗门，有偷盗者，当如之何？"王白："……婆罗门中有偷盗者，或鞭或缚，或驱出国，或罚其金，或截手足耳鼻，罪重则杀。及其盗者，然婆罗门，则名为贼。""大王！若刹利、居士、长者中，有偷盗者，当复如何？"王白："……亦鞭亦缚，亦驱出国，亦罚其金，亦复断截手足耳鼻，罪重则杀。""如是，大王！岂非四姓悉平等耶？为有种种差别异不？"王白："如是义者，实无种种胜如差别。"

（三）从道德和随业受报说：

"大王！婆罗门杀生、偷盗、邪淫、妄言、恶口、两舌、绮语、贪恚、邪见，作十不善业迹已，为生恶趣耶？善趣耶？于阿罗呵所，为何所闻？"王白："……婆罗门作十不善业迹，当堕恶趣，阿罗呵所，作如是闻。刹利、居士、长者亦如是说。""大王！若婆罗门行十善业迹，离杀生乃至正见，当生何所，为善趣耶？为恶趣耶？于阿罗呵所为何所闻？"王白："……若婆罗门行十善业迹者，当生善趣，阿罗呵所作如是、闻如是。刹利、居士、长者亦如是说。……云何大王！如是四姓为平等不？为有种种胜如差别耶？"王白："……如是义者，则为平等，无有种种胜如差别。"㉞

那么，四姓不过是职业分化的人为阶级而已，即婆罗门假托神权的四姓说。在《摩登伽经・度性女品》的经文里，记载佛陀弟子阿难待中下阶层人民的态度，显示了佛教主张四姓平等的教理：

于晨朝时，尊者阿难着衣持钵，入城乞食。分卫已讫，还祇洹林，于其路次，有一大池聚落人众，游集其上。池侧有女旃陀罗种㉟，执持瓶器，始来取水。长老阿难往到其所语言："姊妹！今我渴乏甚欲须饮，见惠少水真。"是时施女言："大德！我无所吝，但吾身是旃陀罗女，若相施者，恐非所宜。"阿难言："姊！我名沙门，其心平等，豪贵下劣观无异相，但时见施，不宜久留。"时彼女人即以净水授与阿难，阿难饮讫。㊱

从这段话里，可以看出佛教是主张平等的，是给每一个人应有之尊严的。

佛陀不只是主张人的本性是平等的，更将其主张在僧伽的制度上实现，所以"出家学道无复本姓，但言沙门释迦子"㊲，如《佛说长阿含经》卷第六《小缘经》，佛告婆罗门婆悉吒说：

"夫不善行有不善报，为黑冥行则有黑冥报。若使此报独在刹利、居士、首陀罗种，不在婆罗门种者，则婆罗门种应得自言：'我婆罗门种最为第一，余者卑劣。我种清白……后亦清净。'若使行不善行有不善报，为黑冥行有黑冥报，必在婆罗门种、刹利、居士、首陀罗种者，则婆罗门不得独称：'我种清净最为第一。'……今者现见婆罗门种，嫁娶产生与世无异，而作诈称：'我是梵种，从梵口生，现得清净，后亦清净。'婆悉吒！汝今当知，今我弟子种姓不同，所出各异，于我法中出家修道，若有人问：'汝谁种姓？'当答彼言：'我是沙门释种子也！'"㊳

其他，在诸原始经典中，佛陀多次以四姓同一法种，喻为众流合一之大海，而说明四姓的平等性。例如：

（一）《增壹阿含经》卷第二十一《苦乐品》[39]

（二）《增壹阿含经》卷第三十七《八难品》[40]

（三）《四分律》卷第三十六《说戒揵度下》[41]

（四）《佛说恒水经》[42]

（五）《法海经》[43]

（六）《佛说海八德经》[44]

所以只要是心性清净，"若沙门，若婆罗门，若天魔梵，三界一切，悉是我子，皆同一法，而无差别"[45]。不管是任何职业或阶级，佛教都允许其进入和合僧团。由于佛教的大开方便之门，佛教徒中有许多是婆罗门或贵族，例如佛陀的两大弟子舍利弗、目犍连是出身于婆罗门，佛灭后主持遗法结集的也是婆罗门出身的大迦叶。出身贱族的有优婆离尊者，为持律第一上座。其他如当时社会地位低贱的屠夫、渔夫、猎人、妓女、强盗、艺人（andāla）都投身释尊座下，成为佛教徒，如百川汇归大海，则失去本有的名字和阶级。因此只要是佛教徒，任何阶级、职业的划分，便不再有任何意义，唯有和合一味的佛弟子。

或许有人认为佛教的教团，在四姓不平等的印度社会中，最易于集聚下层阶级人民，但是教团中亦不乏贵族人家的青年善男子、善女人。依据日人赤沼智善氏于《原始圣典》中统计的结果，显示佛陀的弟子一一六〇人中，依其四姓分类⑯：

类　别	婆罗门	刹帝利	毗　舍	首陀罗	不　明
人数（人）	二一九	一二八	一五五	三〇	六二八
合计	一一六〇				

其中比丘、比丘尼、优婆塞、优婆夷分别有：

类　别	比　丘	比丘尼	优婆塞	优婆夷
人数（人）	八八八	一〇三	一二八	四三
合计	一一六〇			

当时婆罗门教徒从阶级严然的种姓制度来定义人类的价值，认为他们自己是最高尚最优秀者。他们有资格接受任何事物，甚至犯了罪，亦无刑罚可加诸他们，就是有，也是较一般人轻微许多。婆罗门以此种姓的优越感，享尽各种特权而处于最有利的地位，傲视一切。但是佛陀本着慈悲与智慧，立足于人道主义的立场，尊重人类的人格。佛陀以为人的价值并非由阶级、种族和职业所定，而说四姓平等，并确切实行，这即是种族优劣的根本否定。广演之，佛法可以说是一切人的宗教。在

佛法的人类平等精神里，一切众生悉皆平等，女性既不可能被排除于众生之外，佛教男女性之平等观因此亦是不容置疑的。

注释

①印度位于亚洲南部的一个半岛上，北部、东北部与西北部都是高山，其余部分海洋环绕，山地以南的广大平原，自古即是印度经济文化的发达处。印度的初民保留下来的有蒙大语居民，即原始澳语人。其次是达罗毗荼人，他们到印度较原始澳语人晚些，是雅利安人入印前的民众。他们约在公元前五千年的新石器时代里，已经能够制造陶器、种谷和豢养牛羊等。

②雅利安人在五河一带驱逐土人后，便开始定居下来，从事农业和畜牧，并有固定房屋和城堡的营造。因为大批人手劳作的需求，便把俘获的土人作为奴隶，从事生产劳动，遂有首陀罗阶级的形成。但那时还只有黑白两阶级之分。黑人是奴隶，白人是奴隶主。吠陀时期（公元前一五〇〇—前一〇〇〇年）以宗教祭祀的需要，而有婆罗门族一阶级的产生。至梵书时期（公元前一〇〇〇—前八〇〇年），由于社会分工合作的需求，渐至形成了四姓的阶级制度。

③《摩奴法典》第一编八八—九一条。转摘自张曼涛编辑《印度佛教史论》，一〇页，台北大乘文化出版社，一九七八年。

④世尊是今日被任何人认定的历史性人物，有关其在世的年代，自古以来即有数十种的异说。其重要的年代有下列四种：

（A）公元前五七七—前四七七年……Cunningham（1854 & 1877），Max Müller（1859），G. Bühler（1878），J. Charpentier（1914）。

（B）公元前五六三—前四八三年……J. Fleet（1906 & 1909），W. Geiger（1912），T. W. Rhys Davids（1922）。

（C）公元前五六六—前四八六年……《众圣点记》说。

（D）公元前四六六—前三八六年……宇井伯寿博士说（大正十二年，1923）。

这些年代至今犹难以决定，本文采用第（C）说。

⑤《印度佛教史概说》，达和法师译，一〇页，高雄佛光出版社，一九七七年。

⑥佛教文献中所述之新的支配阶级，有刹帝利王、地方的豪族、将军、村长、氏族的首长等。思想指导者集团是指除传统的婆罗门僧侣外之反吠陀的其他教团，如佛教和耆那教等沙门集团。

⑦《长阿含经》卷第七《弊宿经》（大正一·四六中）。

⑧《增壹阿含经》卷第六（大正二·五七二上—中）。

⑨《佛陀时代的社会风俗探讨》，赖丽美著，二四〇页，文化大学印度文化研究所硕士论文，一九八五年。

⑩《佛般泥洹经》卷上（大正一·一六三中—下）。

⑪《增壹阿含经》卷第十（大正二·五九六上—中）。

⑫《中本起经》卷下《度奈女品第十三》（大正四·一六一中—下）。

⑬见注⑫。

⑭《佛说给孤长者女得度因缘经》卷下（大正二·八五〇下）。

⑮《增壹阿含经》卷第三十五（大正二·七四四下）。

⑯《长阿含经》卷第七《弊宿经》（大正一·四六中）。

⑰《大坚固婆罗门缘起经》卷下（大正一·二一二下）。

⑱ Oroon Kumar Ghosh, *The Changing Indian Civilization*, India: Minerva Associates. 1976, pp. 28-96.

⑲《印度哲学宗教史》，高楠顺次郎、木村泰贤著，高观庐译，三二四—三二五页，台北台湾商务印书馆，一九八三年。

⑳注⑲，三二五页。

㉑同注⑳。

㉒《佛说玉耶女经》（大正二·八六四上—八六七上）。

㉓同注⑳。

㉔同注⑲，三三七页。

㉕《杂阿含经》卷第二十（大正二·一四二上）。

㉖《十诵律》卷第九（大正二三·六四下—六五上）。

㉗《巴利小部经集》一三六经（水野弘元著，郭忠生译，《原始佛教》，一九一—一九二页，台中：菩提树杂志社，一九八二年）。

㉘《巴利小部经集》六四八经（见注㉗）。

㉙《巴利小部经集》六五〇经（见注㉗）。

㉚《巴利小部经集》六五一经（见注㉗）。

㉛《巴利小部经集》六五二经（见注㉗）。

㉜《梵志頗波罗延问种尊经》（大正一·八七六中—八七八中）。

㉝见注㉕（大正二·一四二下）。

㉞见注㉕（大正二·一四二中—下）。

㉟即屠者之意，是古代印度从事屠宰业的人民。当时印度社会上视他们为下贱等级和恶人，是"不可接触者"。这类人出外行走于城市里，必须自己用手摇铃或击竹做标记，使人见闻即远避，否则他们将受国家之惩罚。

㊱《摩登伽经》卷上《度性女品第一》（大正二一·三九九下—四〇〇上）。

㊲《增壹阿含经》卷第二十一（大正二·六五八下）。

㊳《佛说长阿含经》卷第六《小缘经》（大正一·三七上—中）。

㊴《增壹阿含经》卷第二十一（大正二·六五八中—下）。

今有四大河水从阿耨达泉出，……尔时四大河入海已，无复本名字，但名为海。此亦如是有四姓，……于如来所剃除须发，着三法衣，出家学道，无复本姓，但言沙门释子。

㊵《增壹阿含经》卷第三十七（大正二·七五三上）。

我法中有四种姓，于我法中作沙门，不录前名更作余字。犹如彼海四大江河皆投于海，而同一味更无余名。

㊶《四分律》卷第三十六（大正二二·八二四下）。

犹如五大河尽归于海，失于本名，名之为海。如是目连，于我法中四种姓：刹利、婆罗门、毗舍、首陀，以信坚固，从家舍家学道，灭本名，皆称为沙门释子。

㊷《佛说恒水经》（大正一·八一七下）。

天下有五江，……转流入海，皆弃本名字，当为海水。……诸弟子！有婆罗门种，有刹利种，有工师种，有田家种，有乞人。有若干辈各自道说言：我种豪贵，如愧富乐贫贱，当如五江水入海。若干辈为佛作弟子，皆当弃本名字，乃为是佛弟子耳，安得复有贵贱自贡高。

㊸《法海经》（大正一·八一八下）。

大海吞受百川万流，江恒之水，无不受之，终日终夜无盈溢减尽之名，吾僧法之中亦如是。梵释之种，来入僧法。四姓族望，或释或梵，王者之种、舍世豪尊，来入正化。或工师小姓，亦入正化。种族虽殊，至于服习大道，同为一味，无非释子。

㊹《佛说海八德经》卷上（大正一·八一九中）。

吾道弘大，合众为一。帝王种、梵志种、君子种、下贱种，来作沙门者，皆弃本姓，以道相亲，明愚相进，意如兄弟，犹彼众流合名曰海。

㊺《白衣金幢二婆罗门缘起经》卷上（大正一·二一八上）。

㊻《原始仏教の研究》，平川彰著，十八页，日本春秋社，昭和五十五年。

第三章
原始佛教时代的女性观

第一节　原始佛教经典中出现的在家女性相

原始佛教（公元前五六六—前三七〇年）经典中，关于在家女性有诸多之叙述，本节将分成妻子、媳妇、母亲和女人四种形象来加以分析，以探讨原始佛教时期的女性观。

一、妻子

《别译杂阿含经》卷第十二、《杂阿含经》卷第三十六，都记载有佛陀对妻子的看法，如："娶妻，'贞女'为最胜"①　"贤妻为第一伴""顺夫为贤妻"②。而在佛陀说明世俗伦理的经典中，如：

（一）《长阿含经》卷第十一《善生经》③

（二）《中阿含经》卷第三十三《善生经》④

（三）《尸迦罗越六方礼经》⑤

（四）《善生子经》⑥

这四部经同样是对妻子义务的描述，其内容对照如下：

长阿含经	中阿含经	尸迦罗越六方礼经	善生子经
妻以五事恭敬于夫	妻以十三事善敬顺夫	妇事夫有五事	妇以十四事事于夫
(1)先起 (2)后坐 (3)和言 (4)敬顺 (5)先意承旨	(1)重爱敬夫 (2)重供养夫 (3)善念其夫 (4)摄持作业 (5)善摄眷属 (6)前以瞻待 (7)后以爱行 (8)言以诚实 (9)不禁制门 (10)见来赞善 (11)敷设床待 (12)施设净美丰饶饮食 (13)供养沙门梵志	(1)夫从外来,当起迎之 (2)夫出不在,当炊蒸扫除待之 (3)不得有淫心于外夫,骂言不得还骂作色 (4)当用夫教诫,所有杂物不得藏匿 (5)夫休息盖藏乃得卧	(1)善作为 (2)善为成 (3)受付审 (4)晨起 (5)夜息 (6)事必学 (7)阖门待君子 (8)君子归问讯 (9)辞气和 (10)言语顺 (11)正儿席 (12)洁饮食 (13)念布施 (14)供养夫

另外在南传藏经（*Aṅguttara-Nikāya*）七·五九⑦，佛陀将妻女分为七种类。与此所传相应的《增壹阿含经》卷四十九⑧，则将妻女分为四种类，其内容对照如下：

（一）南传	（二）北传
（1）杀人妻（vadhā bhariyā）	（1）似母妇
（2）盗人妻（cori bhariyā）	（2）似亲妇
（3）嬲妻（ayyā bhariyā）	（3）似贼妇
（4）母亲妻（mātā bhariyā）	（4）似婢妇
（5）妹妻（bhaginī bhariyā）	
（6）友人妻（sakhi bhariyā）	
（7）召使妻（dāsi bhariyā）	

此二者所传虽有出入，但更进一步地将妻女分为善恶两类。其次，经典中记载类于上述分类的有下列四部经典，而经中记述的女主角即是"玉耶"：

（一）《佛说阿遫达经》⑨

（二）《佛说玉耶女经》⑩

（三）《玉耶女经》⑪

（四）《玉耶经》⑫

首先，在经典《佛说阿遫达经》记述妇事夫有三恶四善，七种分类，现将"三恶""四善"分列于下。

三恶：

（1）如与惰人共居不欲作事，骂詈至暮，嗜美好斗；

（2）如与怨家共居，不持一心向夫，不愿夫善，不愿夫成就，当愿夫死；

（3）如与偷盗共居，不惜夫物但念欺夫，当欲自好不顺子孙，但念淫泆。

四善：

（1）妇见夫从外来，当如母见子，夫有急缓常欲身代之。

（2）妇事夫当如弟见兄，上下相承事，夫恶不以为恶，不念淫泆，常随夫语。

（3）妇事夫当如朋友，相见辄相念，夫从他方来，当如见父兄，心中欢喜和颜向之。

（4）妇事夫当如婢，夫大骂亦不以为恶，捶击亦不以为剧，走使亦不以为劳苦。夫虽恶，常念事善，当顾子孙。

其次，经典《佛说玉耶女经》，则记载作妇之五法，即：

（1）母妇——爱夫如子；

（2）臣妇——事夫如君；

（3）妹妇——事夫如兄；

（4）婢妇——事夫如妾；

（5）夫妇——背亲向疏永离所生，恩爱亲昵同心异形，尊奉敬慎无骄慢情，善事内外家殷丰盈，待接宾客称扬善名。

至于（三）《玉耶女经》、（四）《玉耶经》中，则将妻女分为七种类，即：

（1）母妇；

（2）妹妇；

（3）知识妇〔（四）作善知妇〕；

（4）妇妇；

（5）婢妇；

以上为善妇。

（6）怨家妇；

（7）夺命妇。

后二项为恶妇。

以上所述为原始经典中对妻子的看法，这也可说是当时印度社会对妇女的要求标准。

要之，妻子的主要职责，归纳起来即是：（1）家事的完善整顿；（2）慎重对待丈夫的亲属；（3）守贞节；（4）财产的守持；（5）勤勉、善于奉侍。这五事就是贤妻的最起码条件了。

二、媳妇

《杂阿含经》卷第四十八，有一天女偈言："忆念余生时，为人作子妇，嫜姑性狂暴，常加粗涩言，执节修妇礼，卑逊而奉顺。"[13]《中阿含经》卷第七《象迹喻经》："初迎新妇，见其姑嫜，若见夫主则惭愧羞厌。"[14]而在《佛说阿邀达经》《佛说玉耶女经》《玉耶女经》和《玉耶经》中，则叙述玉耶女不以妇礼事姑嫜。那么，原始经典中对媳妇的善恶标准为何？我们不妨由下列各经文中所述，察其内容。

佛说玉耶女经	玉耶女经	玉耶经
五善：		
（1）晚眠早起修治家事，所有美膳莫自向口，先进姑嫜夫主 （2）看视家物，莫令漏失 （3）慎其口语，忍辱少瞋 （4）矜庄诚慎，恒恐不及 （5）一心恭孝姑嫜夫主，使有善名，亲族欢喜，为人所誉	（1）后卧早起，美食先进 （2）挝骂不得怀恚 （3）一心向夫，不得邪淫 （4）愿夫长寿，以身奉使 （5）夫婿远行，整理家中，无有二心	（1）为妇当晚卧早起，栉梳发彩整顿衣服，洗拭面目勿有垢秽，执于作事先启所尊，心常恭顺，设有甘美不得先食 （2）夫婿呵骂不得瞋恨 （3）一心守夫婿，不得念邪淫 （4）常愿夫婿长寿，出行妇当整顿家中 （5）常念夫善，不念夫恶

佛说玉耶女经	玉耶女经	玉耶经
三恶：		
（1）未冥早眠日出不起，夫主诃瞋反见嫌骂 （2）好食自啖，恶食便与姑嫜夫主，奸色欺诈妖邪万端 （3）不念生活游冶世间，道他好丑求人长短，斗乱口舌，亲族憎嫉，为人所贱	（1）轻慢夫婿，不顺大长。美食自啖，未冥早卧，日出不起，夫婿教诃，瞋目怒应 （2）见夫不欢，心常败坏，念他男子好 （3）愿夫早死更嫁	（1）不以妇礼承事姑姒夫婿，但欲美食先而啖之，未冥早卧，日出不起，夫欲教呵，瞋目视夫，应拒犹骂 （2）不一心向夫婿，但念他男子 （3）欲令夫死早，得更嫁

从上述经文内容可知，善为媳妇者，不仅拥有贤妻的条件，同时对姑嫜长辈也能如礼侍奉，使家庭和乐融洽。

三、母亲

人从出生到死亡的一生中，伴随着成长和环境的变化而有种种不同的称呼。例如，以成长顺序而言，有乳儿、幼儿、少年、青年、中年、老年的转变。由家族关系而言，则有儿子、女儿、夫、妻、父、母，乃至祖父母等称谓。在个人一生的内外变化过程中，女性的结婚，应是最激烈的改变。其原因是，女性于婚后所扮演的是母亲、妻子和媳妇这三个自古难为的角色。妻子、媳妇之形象已如前述，而"母亲"在原始经典中所呈现的又是如何呢？

女性由于婚姻生活而受胎，经过十个月的妊娠期方将孩儿生出。其后三年的哺乳期，通常是由母亲所养育。在这胎儿的怀孕、生产与哺育阶段，正是母性的充分发挥。而母性代表着什么呢？

母性是慈悲的代表，《增壹阿含经》卷第三十二："如来有大慈悲，愍念众生……不舍一切众生，如母爱子。"⑮经中是将如来的大慈悲愍念众生，与母亲之爱子女相比拟。

众生皆由母出，诸佛亦复如是。⑯具有代表性的是佛母摩耶（Māyā）和姨母摩诃波阇波提（即瞿昙弥），据佛典记载，佛陀降诞后的第七天，圣母摩耶夫人即命终。她是为世间带来光明的女中至尊。摩耶死后，养育悉达多太子的责任遂由太子的姨母摩诃波阇波提，也就是难陀尊者的母亲一肩挑起。在净饭王死后，佛陀的养母率领五百释女向佛陀请求出家加入僧团，创设尼僧教团。这在佛教教团的历史上，实在是非常重要的。

原始经典中记载的模范母亲，除了佛母摩耶、养母摩诃波阇波提外，尚有众多母亲典范。如：

（一）诺酤罗长者母——能起初心信解戒法。

（二）毗舍佉母乌波萨吉——恒于众僧常行布施，有"僧伽之母"的美誉。

（三）哩提罗长者母——宿施因丰具大福德。

（四）嚩嚩哥长者妇——于所住世多饶其子。⑰

以上四位都是佛陀向诸比丘赞叹的模范母亲。母亲在佛教中，有着不容忽视的贡献。因此，世尊在佛母大爱道比丘尼灭度后，躬自供养佛母舍利，以报答长养乳哺重恩，并为后世孝亲的榜样。《增壹阿含经》如是记载着：

> 尔时大爱道前白佛言："我闻世尊不久当取灭度，……我今不堪见世尊及阿难取灭度也。唯愿世尊，听我先取灭度。"尔时世尊默然可之。……

> 尔时世尊将诸比丘僧，前后围绕，往至大爱道比丘尼寺中。尔时世尊告阿难、难陀、罗云："汝等举大爱道身，我当躬自供养。……"

> 尔时释提桓因、毗沙门天王，前白佛言："唯愿世尊勿自劳神！我等自当供养。"舍利弗告诸天："止！止！天王！如来自当知时。此是如来所应修行，非是天龙鬼神所及也。所以然者，父母生子，多有所益，长养恩重，乳哺怀抱，要当报

恩，不得不报恩。然诸天！当知过去诸佛世尊所生母，先取灭度，然后诸佛世尊皆自供养，蛇旬舍利。正使将来诸佛世尊所生之母，先取灭度，然后诸佛皆自供养。以此方便，知如来应自供养，非天龙鬼神所及也。"……是时世尊躬自举床一脚，难陀举一脚，罗云举一脚，阿难举一脚，飞在虚空，往至彼冢间。……尔时世尊复以旃檀木着大爱道身上。⑱

诸佛如来之敬母若此，世人岂能藐之？

四、女人

女人，广义而言，应含有妻子、媳妇和母亲三者在内。此三者在经典中均有一特定明显的描述，然尚有未尽之处，故更立女人一节以广泛论述。

原始经典中对女人的记述是如何呢？

（一）《杂阿含经》卷第三十六，世尊答天子问佛偈：

"女人梵行垢，女则累世间。"⑲

（二）《增壹阿含经》卷第二十七，佛在祇树给孤独园告诸比丘：

"女人有五力轻慢，……一者色力，二者亲族之力，三者田业之力，四者儿力，五者自守力……。女人有五欲想……一者生豪贵之家，二者嫁适富贵之家，三者使我夫主言从语用，四者多有儿息，五者在家独得由己。"[20]

(三)《别译杂阿含经》卷第十四，世尊答一天神偈言：

"男子若敬顺，女人必陵邈。男子若陵邈，女人必敬顺。女人婴愚戏，如小儿弄土。"[21]

(四)《增壹阿含经》卷第四十一《马王品》：

"女人有九恶，……一者女人臭秽不净；二者女人恶口；三者女人无反复；四者女人嫉妒；五者女人悭嫉；六者女人多喜游行；七者女人多瞋恚；八者女人多妄语；九者女人所言轻举。"[22]

其次，《佛说玉耶女经》《玉耶女经》和《玉耶经》三部经典中叙述"女人身中有十恶事"[23]，其内容对照如下：

佛说玉耶女经	玉耶女经	玉耶经
（1）生时父母不喜	（1）托生父母甚难养育	（1）女人初生堕地，父母不喜
（2）养育无味	（2）怀妊忧愁	（2）养育视无滋味
（3）常忧嫁娶失礼	（3）初生父母不喜	（3）女人心常畏人
（4）处处畏人	（4）养育无味	（4）父母恒忧嫁娶
（5）与父母别离	（5）父母随逐不离时宜	（5）与父母生相离别
（6）倚他门户	（6）处处畏人	（6）常畏夫婿，视其颜色
（7）怀妊甚难	（7）常忧嫁之	（7）怀妊产生甚难
（8）产生时难	（8）生已父母离别	（8）女人小为父母所捡录
（9）常畏夫主	（9）常畏夫婿	（9）中为夫婿所制
（10）恒不得自在	（10）不得自在	（10）年老为儿孙所呵，从生至终不得自在
（女人之法有三鄣）		
（1）小时父母所鄣		
（2）出嫁夫主所鄣		
（3）老时儿子所鄣		

　　经中虽有诸多诃责女人的记述，但亦不乏对有德之女的论述。例如，《增壹阿含经》卷第三《清信女品》，记载有三十位有名的优婆夷，这些清信女中有：智慧第一者、恒喜坐禅者、善演经义者、降伏外道者、多闻博知者、无所怯弱者、声闻中最后取证、恒行忍辱者等。[24]又《增壹阿含经》卷第二十二：修摩提女适于满富城，度其人民无量，并多所饶益。[25]《增壹阿含经》卷第三十八：释迦文如来的本生，曾为王女牟尼，以布施麻油灯炷之功德，而受记莂将来之世当成作佛。[26]另有《长阿

含·游行经》：淫女庵婆婆梨请佛说法，佛陀并授予优婆夷五戒，庵婆婆梨女亦为佛布施园林。㉗

从上述出现于原始佛教经典中的妻子、媳妇、母亲和女人的群相，我们可归纳而得以下数点结论：

（一）在本节中，由妻子的义务、媳妇的标准之描述，可以反映出印度当时传统社会里，女性是附属于男人。而文中对女人的诃责，所显示的是女人社会地位的卑下。那么这是否也说明了佛陀亦是轻视女性的呢？

（二）佛陀待众生是一律平等的，佛陀认为男女的平等，应从其所扮演的角色、担负的职务和外形的差异，来寻求本质和本性的平等。男女应是彼此互相尊重的，如《佛般泥洹经》中，佛陀对雨势（舍）所说国族的七不衰法之一——礼化谨敬，男女有别，㉘或《中阿含经》卷第三十五《雨势经》所说：彼跋耆不以力势而犯他妇他童女者，跋耆必胜则为不衰。㉙这是佛陀说明了男女应各以其所长，力尽职责，互相尊重以维护家庭、社会的祥和。因此，佛陀在妻子的义务和媳妇的标准里，规范女性应：尊重丈夫的威严（尊重并不表示个人地位的低下，而是人格的提升）；贞节的操守，不可淫荡堕落；分担家务，克尽妇女之责，以维护家庭的和乐。相对的，佛陀也要求了作丈夫应有的态度。如：

《中阿含经》卷第三十三《善生经》：

夫观妻子，夫当以五事爱敬供给妻子。……一者怜念妻子，二者不轻慢，三者为作璎珞严具，四者于家中得自在，五者念妻亲亲。[30]

《佛说尸迦罗越六方礼经》：

夫视妇亦有五事：一者出入当敬于妇；二者饭食之，以时节与衣被；三者当给与金银珠玑；四者家中所有多少，悉用付之；五者不得于外邪畜傅御。[31]

《大般涅槃经》卷中：

二者恒以善法训导妻子。[32]

由此可见，佛陀所主张的平等，是建立在男女双方的彼此互相尊重，而非偏袒一方的男尊女卑。

（三）佛陀度化众生，一向是观机逗教，应病予药。因此，佛陀对玉耶女所教诫的：女人身中有十恶事、三鄣十恶、妻有五善三恶等，以及经中对女人的种种诃责，都是佛陀随机应变而说。如见山上燃烧炽然而告诸比丘，世人为贪嗔痴三毒之猛火所燃烧。见恒河中漂流的大木而说：诸比丘，此木不附两岸，不沈中流，内部不腐，终入大海。比丘修行若无内外之障碍，必入涅槃寂静之大海。又有一比丘名掘多，不乐修梵行，欲舍戒还为白衣。佛陀遂以"女人有五秽行，……女人增益魔众……亦如钩锁……女人为恐怖，犹贼村落……"[33]教诫掘多，令其醒觉而般涅槃。而佛陀的教诫目的，在以诃责女人之诸恶，警戒比丘们修行切莫放逸，以不净观来对治淫念的生起。又给孤独长者之媳妇玉耶女，自夸门第，高慢无比，家庭中风波不绝，佛陀即以印度社会当时风俗，说极恶乃至理想等之妻女，来警惕教化玉耶女，使其愿成理想贤妻。因之，我们不能以片言只字断章取义，断定佛陀是轻视女性。

（四）况且佛陀也曾有赞美女性的例子。昔憍萨罗（Kosala）国波斯匿（Prasenajit）王与佛陀晤对时，适王得其夫人末利产女之报。王闻为女子，而现不悦之色。佛陀因谕其非而述偈如下：

> 王欤！虽为女子，亦得为胜于男子者。
> 有智慧与德，嫁而孝敬姑嫜，
> 是女所生之子，当为勇者、支配者。
> 如是贤妇之子，足以指导王国。[34]

这不正也说明了母亲是孕育贤者的摇篮？

（五）佛陀教导女人端正之法，应唯心行端正，即除却邪态八十四垢，定意一心，如是为人所爱敬。若是倚貌端正，骄慢自恣，必自取卑贱。[35]可见佛陀对女性自觉的唤醒、地位的改善，是用心良苦矣。

第二节　女性出家与比丘尼僧团的成立

佛教的僧伽体制中，初时只有比丘僧团的成立，若干年后，佛的养母摩诃波阇波提（Mahāprajāpatī Gotamī 大爱道瞿昙弥）与五百释种女，加入僧团，比丘尼僧团于是创立。根据经典的记载是：释尊悟道后，归返释迦族的迦维罗卫城（Kapilavatthu）教化族人，瞿昙弥因听闻如来正法，遂决心出家。他三度向佛陀请求，都被佛陀拒绝了。这时，佛陀带着众弟子出发游行，离开了迦维罗卫城。然而瞿昙弥出家的心念并未就此断绝，因而带着五百释女，自行削发，披着袈裟，追随佛陀游行。至舍卫城，诸女颜面垢秽，衣服污尘，身体疲劳，悲啼立于祇洹精舍门外。阿难见诸女如此，心起同情，以报答佛母哺育深恩和女众出家终能证得四果为由，再三向佛陀恳请。终于佛陀以女众出家必遵守八敬法为条件，允许了女性出家。摩诃波阇波提成为女性出家的第一人，比丘尼僧团从此诞生。[36]

关于大爱道比丘尼出家因缘的记载，各家经律所传略有出入。又比丘尼律，并非出于比丘尼的结集，而是成于上座比丘们。因此不免留下了令人争论之处：（1）佛陀为何再三拒绝女性出家，甚至经典中载有佛陀慨叹：女众出家，正法减少五百年；（2）佛陀制定女众的八敬法，其意义为何？这些问题也就是本节所要探讨的重点。

一、正法减少五百年说

女性出家，会使佛法早衰，这是各家广律的一致传说，并且是作为世尊预记而表白出来。如《四分律》卷第四十八说：

> 譬如阿难！有长者家男少女多，则知其家衰微。如是阿难！若女人在佛法中出家受大戒，则令佛法不久，又如好稻田被霜雹即时破坏。如是阿难！若女人在佛法中出家受大戒，即令佛法不久。[37]

第一比喻，如中国所说的阴盛阳衰。女性出家多于男性，也许不是好事，但这不能成为女性不应出家的理由。因为请求出家，并不表示女性多于男众，况且据日人赤沼智善氏于《原始圣典》中统计的结果，比丘与比丘尼之数，约为八比一。[38]以此悬殊的比例，并不构成僧团阴盛阳衰的顾虑。其次，以第二比喻而言，将男性喻为稻麦，女众喻为霜雹，但男性本身是否为健全的禾苗？

女性是否即为霜雹病菌呢？为比丘而制的重罪——四事十三事，都与出家的女众无关，但一样是犯了。所以上述二喻，只是古代社会重男轻女，以女子为小人、祸水的想法。世尊最初不允许女众出家，如果以此认为佛早就把女性看成病菌霜雹，那是于理不合。佛岂会明知是霜雹病菌，而仍旧移植霜雹病菌于禾田呢？

然而女性出家，确实有诸多问题，释尊不能不加以郑重考虑。当时印度社会重男轻女，女性备受歧视。据律典的记载，女众从乞求而来的经济生活，较之比丘众艰苦很多。游行、住宿、教化，由于避免遭受强暴等安全理由，问题也比男众多。尤其女性的眷属爱重，心胸狭隘，体力弱等，这些社会环境使然的一般积习，无可避免地会招致僧团的困扰。但是世尊终于答应了女性出家，因为有问题，应该解决问题，否则问题依然存在。如：

> 世尊初成正觉，欲出其所悟之正法以化迪有情，实现现乐、后乐及究竟乐。然鉴于时代根性的积重难返，实难言正觉之本怀，乃于三七日中，度长期独善之行，而思所以应化之方。尝慨叹：我法甚深妙，无信云何解？辛勤我所证，显说为徒劳。我宁不说法，疾入于涅槃。……而后传说有梵天来请，

佛乃起而弘布其正法。[39]

这岂非与经典中以阿难的再三恳请，使大爱道出家，而表示佛陀对女性出家种种沉疴的再三思虑，终于佛陀制以八敬法为解决问题之钥，而允许女性出家的这段叙述，有异曲同工之妙！如此，在慈悲普济的佛陀精神中，女众终于出家，得到修道解脱的平等机会。

"女众出家，正法减少五百年"的预记，如将其视为头陀行者大迦叶、重律行者优波离等，见僧伽的流品渐杂，而归咎于女众出家，作出正法不久住的预想，这是近情的。然而律师们却传说为世尊的预记，因而引起众多的争论。这段预记根据经律，有下列三项不同的叙述。

（一）阿难一再请求，佛允许了。阿难转告瞿昙弥，女众出家已成定局，那时佛才预记女众出家，正法减损五百年。阿难听了，没有任何反应。这是南传《铜鍱律》、中部《瞿昙弥经》所说。

（二）所说与（一）相同，但末后阿难"闻已悲恨流泪，白佛言：世尊！我先不闻不知此法，求听女人出家受具足戒，若我先知岂当三请。"[40]这是《五分律》所说。然果如《五分律》所说，在经典结集会上，为大迦叶指摘其"请佛度女人出家"[41]时，即该痛哭认罪，为什么阿难仍不见罪呢？这是不合理的。

（三）阿难请佛度女人出家，佛告阿难：女人出家，正法不久，并为说二喻。但阿难并不在意，继续请求，佛才允许。这是《四分律》、《中阿含经》卷第二十八《瞿昙弥经》、《中本起经》所说。以常情论，敬佛敬法，多闻敏悟的阿难，如明知女人出家将坏佛法，而仍勉强请求，这是令人难以置信的！因此在请度女人时，如释尊早就预记，无论在什么时候所说，都与情理不合。基于此，印顺法师认为"律师们将预记放在那一阶段都不合，然而非放进去不可，于是或前或后，自相矛盾！"⑫

这应该是由于佛法发展了，名闻利养易得，因而一些动机不纯的，多来佛教内出家，造成僧多品杂的现象。同时，由于女众出家，僧团内增加不少问题，引起社会的不良印象。于是头陀与持律的长老们，遂将这一切归咎于女众出家，那么也就有"女众出家，正法减少五百年"之说了。实则，阿难请度女众出家，释尊准许女众出家，即代表了佛教修道解脱的男女平等观！

二、比丘尼八敬法的检讨

佛教比丘尼僧团的承认是具有重要意义的。在僧伽体制中，比丘尼僧团是独立的，但这独立，仅是形式的，实际上是比丘僧团的附属体，依比丘僧的存在而存在。这事实可由八敬法来说明，同时，亦可由此看出佛陀对妇女的保障。

八敬法（aṭṭha garu-dhammā），或译八尊敬法，或作八不可越法、八尊师法等。传说为：佛的姨母，摩诃波阇波提请求出家，释尊提出：如女众接受"八敬法"，才准许出家。八敬法，是比丘尼应尊敬比丘僧，服从教导的实施方案。八敬法对女性有何意义？是否与佛的平等思想相违背？我们不妨由世尊所制八敬法的背景予以深入探讨。

《毗尼母经》卷第一："所以为女人制八敬者，如人欲渡水先造桥船，后时虽有大水必能得渡。八敬法亦如是，怖后时坏正法故为其制耳。"又《大爱道比丘尼经》卷上："有八敬之法不得逾越，当尽形寿学而持之，自纪信解专心行之。譬如防水善治堤塘，勿令漏泆。"[43]这即说明了佛陀在准许女性出家时，对整个佛教僧团可能产生影响的内外因素已有一番深思熟虑，而后才做防微杜渐、防患于未然的决策。究竟足以让世尊考虑再三的原因是什么呢？

（一）社会的讥嫌与外道的攻击：在当时现实社会中，男女地位悬殊，而比丘尼僧团的独立，意味着男女地位的相等，这是当时社会无法接受的。又当时印度社会思想，认为沙门是应该要禁欲的，如女性加入沙门集团的代表——僧团中，势必引起社会的讥嫌、外道的攻击与排斥。例如《毗尼母经》卷第四记载经典结集时，尊者迦叶责阿难七事，其中因阿难为女人请求出家，而有十事责于阿难：

> 一者若女人不出家者，诸檀越等常应各各器，盛食在道侧，胡跪授与沙门。二者若女人不出家者，诸檀越等常应与衣服卧具，逆于道中，求沙门受用。三者若女人不出家者，诸檀越等常应乘象马车，乘在于道侧，以五体投地，求沙门蹈而过。四者若女人不出家者，诸檀越辈常应在于道路中，以发布地，求沙门蹈而过。五者若女人不出家者，诸檀越辈常应恭敬心，请诸沙门至舍供养。六者若女人不出家者，诸檀越辈见诸沙门，常应恭敬心净扫其地，脱体上衣布地，令沙门坐。七者若女人不出家者，诸檀越辈常应脱体上衣，拂比丘足上尘。八者若女人不出家者，诸檀越辈常应舒发，拂比丘足上尘。九者若女人不出家者，沙门威德过于日月，况诸外道岂能正视于沙门首。十者若女人不出家者，佛之正法应住千年，今减五百年。[44]

由以上十事可看出当时社会和外道，所给予佛教的压力，是佛陀不得不慎重考虑的因素之一。

（二）行止的安全：僧团过的是乞食托钵、游行的丛林生活。因此下列情况是值得注意的：

1. 自然灾变：印度每年从六月中旬起的三个月期间，必受季节风影响，伴随着大量的降雨，河川水量大增，因而泛滥成灾。这种自然条件，对出家人的游行生活是一很大的困扰。

2. 社会治安：佛陀时代虽是处于经济日趋繁荣的社会，但由于贫富不均，国与国之争并，于是盗贼频起。据律典的记载，比丘、比丘尼于行乞或林下禅坐修行时，辄受盗贼的强夺与侵扰。例如：《摩诃僧祇律》卷第二十九："时大爱道瞿昙弥，与五百比丘尼在开眼林中坐禅，尽是释种女、摩罗女、离车女出家，皆年少端正。初夜坐禅，时有淫荡年少来欲侵逼诸比丘尼，比丘尼各以神足得脱。"⑮ 又《十诵律》卷第十二："比丘不得与比丘尼共载一船，诸比丘尼言：'若然者，大德先渡。'是船即去，更不复还。诸比丘尼即于岸上宿，夜有贼来，悉夺衣裸形放去。"⑯

3. 女性生理：妇女每月的经期，衰弱的体力，都为游行的生活带来困扰与危险，如此妇女在僧团造成的不方便是可想而知的。

（三）爱欲的防止：佛陀对出家人说绝对的禁欲，是因为佛陀的根本思想，乃是以脱离爱着、系缚为目的。爱欲是人间最大的系缚，故而禁之。又佛陀最初制戒因缘即是由于须提那比丘犯淫而制。如今，女性的加入僧团，对僧伽的风纪与修行的影响不得不加顾虑。

（四）女性的智慧：女性的体力，大致是弱于男性的，但是论及智慧与修行，则与男性不分轩轾，甚或凌驾其上。这可从《长老尼偈》、经律的记载及佛陀的十大女弟子窥知其梗概。

1.《长老尼偈》（Therīgāthā），是佛弟子中的长老尼们个人的告白，或他们个人体验的宗教文学。例如由曾为妓女的维玛拉（Vimalā）尼之告白中，可明白地读出其宗教理想。

> 一切束缚天界或人间的枷锁，今悉已断除。一切令妄心麻痹的污秽，亦已舍弃。于此宁静妄已满足，并获得永远的安闲。[47]

《长老尼偈》记载有五百二十二首诗，这些诗的内容除了是女性的宗教文学作品外，并显示了女性在修行上对男性诱惑的抗拒与驳斥态度之严峻，例如：苏伯尼（Subhā）为拒绝一少年的屡屡诱惑与骚扰，挖出了自己的双眼，男子受到震惊之余，顿失爱欲而向该女忏悔乞求原谅。[48]

2.《杂阿含经》卷第四十五中摈斥魔扰，严持修行的诸比丘尼：

（1）阿腾毗比丘尼（Āḷavikā）

世间有出要，我自知所得。

鄙下之恶魔，汝不知其道。

譬如利刀害，五欲亦如是。

譬如斩肉刑，苦受阴亦然。

如汝向所说，服乐五欲者，

是则不可乐，大恐怖之处！

离一切喜乐，舍诸大暗冥，

以灭尽作证，安住离诸漏。

觉知汝恶魔，寻即自灭去！[49]

（2）苏摩比丘尼（Somā）

心入于正受，女形复何为，

智或若生已，逮得无上法！

若于男女想，心不得俱离，

彼即随魔说，汝应往语彼。

离于一切苦，舍一切暗冥，

逮得灭尽证，安住诸漏尽。

觉知汝恶魔，即自磨灭去。[50]

（3）吉离舍瞿昙弥比丘尼（Kisā-gotamī）

无边际诸子，一切皆亡失。

此则男子边，已度男子表。

不恼不忧愁，佛教作已作，

一切离爱苦，舍一切暗冥，

已灭尽作证，安隐尽诸漏。

已知汝弊魔，于此自灭去！⑤

（4）优钵罗色比丘尼（Uppalavaṇṇā）

设使有百千，皆是奸狡人，

如汝等恶魔，来至我所者，

不能动毛发，不畏汝恶魔！

……

我心有大力，善修习神通，

大缚已解脱，不畏汝恶魔。

我已吐三垢，恐怖之根本，

住于不恐地，不畏于魔军。

于一切爱喜，离一切暗冥，

已证于寂灭，安住诸漏尽。

觉知汝恶魔，自当消灭去！⑫

（5）尸罗比丘尼（Selā）

汝谓有众生，此则恶魔见。

唯有空阴聚，无是众生者，

如和合众材，世名之为车。

诸阴因缘合，假名为众生。

其生则苦生，住亦即苦住，

无余法生苦，苦生苦自灭。

舍一切爱苦，离一切暗冥，
已证于寂灭，安住诸漏尽。
已知汝恶魔，则自消灭去！(53)
（6）毗罗比丘尼（Vajirā）
此形不自造，亦非他所作，
因缘会而生，缘散即磨灭。
如世诸种子，因大地而生，
因地水火风，阴界入亦然，
因缘和合生，缘离则磨灭。
舍一切爱苦，离一切暗冥，
已证于寂灭，安住诸漏尽。
恶魔以知汝，即自磨灭去！(54)
（7）毗阇耶比丘尼（Vijayā）
歌舞作众伎，种种相娱乐，
今悉已惠汝，非我之所须。
若寂灭正受，及天人五欲，
一切持相与，亦非我所须。
舍一切喜欢，离一切暗冥，
寂灭以作证，安住诸漏尽。
已知汝恶魔，当自消灭去！(55)
（8）遮罗比丘尼（Gālā）
生者必有死，生则受诸苦。

鞭打诸恼苦，一切缘生有。

当断一切苦，超越一切生。

慧眼观圣谛，牟尼所说法，

苦苦及苦集，灭尽离诸苦，

修习八正道，安隐趣涅槃。

大师平等法，我欣乐彼法，

我知彼法故，不复乐受生。

一切离爱喜，舍一切暗冥，

寂灭以作证，安住诸漏尽。

觉知汝恶魔，自当消灭去！㊶

（9）优波遮罗比丘尼（Upcālā）

三十三天上，炎魔兜率陀，

化乐他自在，斯等诸天上，

不离有为行，故随魔自在。

一切诸世间，悉是众行聚，

一切诸世间，悉皆动摇法，

一切诸世间，苦火常炽然，

一切诸世间，悉皆烟尘起。

不动亦不摇，不习近凡夫，

不堕于魔趣，于是处娱乐！

离一切爱苦，舍一切暗冥，

寂灭以作证，安住诸漏尽。

已觉汝恶魔，则自磨灭去！⑰

（10）尸利沙遮罗比丘尼（Sīsupacālā）

此法外诸道，诸见所缠缚，

缚于诸见已，常随魔自在！

若生释种家，禀无比大师，

能伏诸魔怨，不为彼所伏。

清净一切脱，道眼普观察，

一切智悉知，最胜离诸漏，

彼则我大师，我唯乐彼法。

我入彼法已，得远离寂灭，

离一切爱喜，舍一切暗冥，

寂灭以作证，安住诸漏尽。

已知汝恶魔，如是自灭去！⑱

如上所述是诸比丘尼峻拒魔惑，所展现的智慧与修证。女性为求解脱之修行不容等闲以视之。

3. 佛陀的十大女弟子：在佛陀的女弟子当中，据经典的记载负有盛名的比丘尼有五十位，其中前十位女大弟子分别是：

法腊第一——摩诃波阇波提

智慧第一——差摩

神通第一——莲华色

说法第一——法与

精进第一——苏那

捷慧第一——跋陀若陀罗

持律第一——波吒遮罗

禅定第一——难陀

天眼第一——古俱罗

信心第一——芝伽罗摩多

因此由佛陀时代比丘尼人才的辈出来看，女性的智慧、修证如何能拒于僧团之外。

（五）比丘尼僧团的势力：以女性的智慧与能力来看，比丘尼僧团未来的发展是值得注意的。据律典的记载：

1. 大迦叶长者，尝为尼众们说是"外道"[59] "小小比丘"[60] "譬如贩针儿于针师家卖"[61]、乞食时为比丘尼"以肘隐其背"[62]，如是种种为尼众故意为难，使他受到说不尽的困扰。

2. 差摩比丘尼聪明机辩，尝难问诸比丘，使诸比丘不能答，而大感羞耻。[63]

3. 优波离长者，曾为众比丘尼围打，如《五分律》卷第十三所说。[64]

大迦叶、优波离两位比丘，均是僧团中的长老，尚且受比丘尼的如是讥讽、棒打，由此可追溯知佛陀当时比丘尼僧团势力的发展。而僧团的和合、风纪的维持，必是不可忽略的。

（六）比丘尼的教育：印度当时社会中，女孩子虽有吠陀仪典，或纯艺术的学习，但这些都是有教养或富裕人家的女子才能享有的权利，下层阶级或贫苦人家的女子则无教育可言。[65]因此一般说来女性受教育的机会比男子少。佛陀为改善女子地位，提升僧团素质，对女子的教育，必然要费一番苦心，这由佛陀时代比丘尼人才的辈出，可看出佛陀教育的成功。

要之，佛陀为解决前述六项问题，故而制定了八敬法，而八敬法又如何能圆满前述问题以达僧团和合、正法久住呢？在下文的八敬法的内容里，笔者将一一加以阐述。

八敬法的现存记录，有一二条的歧异，以下据印顺法师《原始佛教圣典之集成》的归纳整理中，所列举各本对照如下[66]：

敬法条文内容	律本类别	备注
	铜 十 明 僧 根 五 四 鍱 诵 了 祇 有 分 分 律 律 论 律 律 律 律	

敬法条文内容	律本类别							备注
受具百岁应礼迎新受具比丘	1	1	2	1	6	8	1	按：表中1，2，
不得无比丘处安居	2	4	7	7	3	2	7	……8为各律中
半月从比丘众请教诫问布萨	3	6	3	6	2	1	6	八敬法之条数
安居已于两众行自恣	4	5	8	8	8	3	8	次第。
犯尊法于两众行半月摩那埵	5	3	4	5	7	7	5	
二年学法已于两众请受具足	6	2	1	2	1	4	4	
不得骂詈谗谤比丘	7		5		5	5		
不得向白衣说比丘过失						5	2	
不得说（举）比丘罪	8	8	6	3	4	6	3	
问比丘经律不听不得问		7						
不得先受				4				

敬法的内容依各部派而有不同的意见，现依《铜鍱律》的次第，逐条予以探讨佛陀制敬法的寓意与精神。

1. 比丘尼受具足，即使已经百岁，对于新受具的比丘，也要礼拜、迎接，以表示尊敬。不论年资与德学，在僧伽体制的形式上，比丘尼地位是在比丘之下的。然而在实质上，"恭则不侮"，先尊重别人，才可能获得别人的尊重。这是人情自然的回报，是重视人性尊严，强调人格的平等。因此，例如最初加入僧团的比丘尼，多为释种女，难免恃贵而骄，倚才而傲，如《中本起经》卷下："异时，大爱道比丘尼与诸长老比丘尼俱行诣贤者阿难，而问言：阿难！是诸长老比丘尼，皆久修梵行，且已见谛，云何当使为新受大戒幼少比丘僧作礼?"⑥这请求是为佛陀所制止的。如此，使女性从恭敬中求得佛法。再者，敬法使男女僧伽保持距离，避免爱欲的造作。又于形式上，男性居于领导地位可免于受社会的讥嫌与缓和外道的攻击。

2. 比丘尼不得在附近没有比丘的地方，作三月的夏安居。这是对比丘尼安居期之安全及教育着想，因为附近没有比丘，在安居期间，有危险之虑，并且不能半月半月的请教诫。例如《五分律》卷第十三："尔时诸比丘尼于无比丘众处安居，便有诸疑可应度不可应度，可与受戒不可与受戒，作衣如法不如法，于戒中有如是等种种疑不知问谁，又为恶人外道之所轻陵。"⑧

3. 佛制半月半月"布萨""说波罗提木叉"。比丘尼要在尼僧中布萨说戒，还要推派一位比丘尼，代表大众，到比丘僧处"请教诫人""问布萨"。比丘尼僧团迟于比丘僧团而成立，一切律仪之建立势必就教于比丘僧团，而各自独立的二部可借此互相沟通，达成僧团的和合，同时完成尼僧的教育。

4. 三月安居终了，举行"自恣"，请别人尽量举发自己的过失，以便发露而回复清净。比丘尼在尼僧众自恣，第二天，一定要到比丘僧住处，与比丘僧和合，举行自恣，请比丘们举发过失以求清净。这与上一条是基于同一理由，即在于彼此的互相了解与切磋砥砺。

5. 依《铜鍱律》，尼众犯了"敬法"的，要在二部僧中行摩那埵。这是僧残（Samghā vśeṣā）的忏除法——但比丘的忏法，行六夜摩那埵，而比丘尼要行半月，显然是处分加重了。违犯"敬法"的比丘尼，除了在尼众中"行随顺法"，还要每天到比丘住处报告：我行摩那埵，已过了几夜，还有几夜，请僧伽忆持。半月终了，还要在二部僧（共四十人）中出罪。这是女众在僧伽体制中的根本立场——尊敬比丘僧。在修证的立场，比丘与比丘尼完全平等。然而在当时现实社会中，男女地位悬殊，女众的知识差、体力弱、眷属爱重，在男女不平等的社会中，不可能单独地组合而自行发展，必须依于比丘僧的教授、教诫。教诫比丘尼，不是比丘的权利，而是宿德上座应尽的责任与义务，例如《杂阿含经》卷第十一："佛陀指示诸宿德上座比丘僧，当教授诸比丘尼，诸比丘僧次第教授比丘尼。次至难陀，而难陀不欲教授。尔时，世尊告难陀言：'汝当教授诸比丘尼，为诸比丘尼说法。所以者何？我自教授比丘尼，汝亦应尔。我为比丘尼说法，汝亦应尔。'"⑩又担任教诫的比丘，律中亦有规定，如《根本说一切有部百一羯磨》卷第七："若有苾刍七德成就，应教授苾刍尼者，若未差应差，若已差不应舍。云何为七：一者持戒；二者多闻；三者住位耆宿；四者善都城语；五者不曾以身污苾刍尼；六者于八他胜法所有开遮能广宣说；七者于八尊敬法善能开演。"⑦
因此，从正法住世的观点，比丘尼应奉行敬法。违犯敬法，是不承认比丘僧的摄导地位，这无异是破坏僧伽体制，不尊敬比丘僧，所以要在二部众中行摩那埵，向比丘僧认罪。

6. 式叉摩那（Śikṣamāṇa-）学满了二年的学法戒，以比丘尼为和尚，在比丘尼僧中"十僧现前白四羯磨受具"，然后"即日"往比丘僧处，于和合僧二部众十众以上，再受具足戒，这是比丘尼的受具，要经过比丘僧的认可。

7. 比丘尼不得骂詈谗谤比丘。这一敬法，《僧祇律》与《十诵律》是没有的，而《四分律》与《五分律》，更附有不得向白衣说比丘过失的规定。这是各部律出入最大的一条，而这应是基于僧团的清净和合。

8. 无论如何，比丘尼不能举发比丘或见或闻或疑的过失，而比丘却可以举发比丘尼。《明了论》作："比丘尼不得问难比丘及教比丘学"⑦，《十诵律》有"问比丘经律，不听不得问"⑦。前者是诘问过失，后者专指问难经律。但这两者皆有维护比丘尊严的意味，因为比丘尼中不乏具聪明智慧者，例如："时安隐比丘尼，大智慧问诸

比丘义。彼诸比丘被问已，不能答，各皆惭愧。"㊆故本敬
法是比丘尼对法义的谦让。另外，《僧祇律》有"不先
受"的敬法，这是信众如以饮食、房舍、床褥布施比丘
尼，尼众就要让信众供养比丘，然后才可以接受，这是
比丘尼对财利的谦让。

虽则上述律部的八敬法为众所周知，而《大爱道比
丘尼经》与《中本起经》所列的八敬法，就尼众之防过、
进德而言，更为切近重要。列照如下：

1. 比丘持大戒，母人比丘尼当从受正法，不得戏故
轻慢之，调欺咳笑，说不急之事，用自欢乐也。（《中本
起经》作：比丘持大戒，女人比丘尼当从受正法。）

这是敕诫比丘尼不得借受正法而共相调笑杂语。

2. 比丘持大戒，半月以上，比丘尼当礼事之，不得
故言新沙门劳精进乎？今日寒热乃尔耶？设有是语者，
便为乱新学比丘意，等自恭敬，谨敕自修，劝乐新学远
离防欲，憺然自守。（《中本起经》作：比丘僧持大戒半
月以上，比丘尼当事之。）

这是制之于口。

3. 比丘、比丘尼，不得相与并居同止。设相与并居
同止者，为不清净，为欲所缠，不免罪根，坚当自制明
断欲情，憺然自守。（《中本起经》作：比丘僧、比丘尼，
不得相与并居同止。）

这是敕诫比丘、比丘尼不得相与并居，此二为防止男女间之染缘，而为僧尼两众清净之根本。

4. 三月止一处，自相检校。所闻所见，见若不见，亦无往反之缘，憺然自守。（《中本起经》作：三月止一处，自相检押，所闻所见，当自省察。）

5. 比丘尼不得讼问自了，设比丘以所闻所见。若比丘有所闻见，讼问比丘尼，比丘尼即当自省过恶，不得高声大语，自现其欲态也，当自检校，憺而自守。（《中本起经》作：比丘尼不得讼问比丘僧事，以所闻见。若比丘僧有所闻见，讼问比丘尼，比丘尼即当自察。）

6. 比丘尼有庶几于道法者，得问比丘僧经律之事。但得说般若波罗蜜，不得共说世间不急之事也。设说不急之事者，知是人非为道也，是为世间放逸之人耳。深自省察，憺而自守。（《中本起经》作：比丘尼，有庶几于道法，得问比丘僧经律之事。）

7. 比丘尼自未得道，若犯律法之戒，当半月诣众僧中自首过忏悔，以弃骄慢之态，今复如是自耻惭愧，深自省察，憺而自守。（《中本起经》作：比丘尼，自未得道，若犯戒律，当半月诣众中，首过自悔，以弃骄慢之态。）

有过发露忏悔为僧训，这是修道断惑必具之条件。

8. 比丘尼，虽百岁持大戒，当处新受大戒比丘下坐，当以谦敬为作礼。(《中本起经》作：比丘尼虽有百岁持大戒，当处新受大戒幼稚比丘僧下坐，以谦敬为之作礼。)[74]

要之，此二经所载之八敬法，多数是为律中所无，而且显而易见的是：皆为尼僧的人格教育，对女众的进德、修业是一大保障。

综观八敬法之要，佛虽确认男女出家受大戒，皆可得初果乃至四果，然从纲维律范，住持圣教之重任上，则女性鄙弱，人少敬信，可能无弘化之益，反更毁辱，故尼制依附大僧，使从差别中完成其平等，这实在是佛陀不得已的一番苦心！

注释

①《别译杂阿含经》卷第十二（大正二·四五八下）。

②《杂阿含经》卷第三十六（大正二·二六三中—下）。

③《长阿含经》卷第十一《善生经》（大正一·七〇—七二）。

④《中阿含经》卷第三十三《善生经》（大正一·六三八—六四二上）。

⑤《尸迦罗越六方礼经》（大正一·二五〇下—二五二中）。

⑥《善生子经》（大正一·二五二中—二五五上）。

⑦《仏教と女性》，岩本裕，二四—二五页，东京：株式会社，一九八〇年。

⑧《增壹阿含经》卷第四十九（大正二·八二〇下—八二一上）。

⑨《佛说阿遫达经》（大正二·八六三）。

⑩《佛说玉耶女经》（大正二·八六三下—八六四下）。

⑪《玉耶女经》（大正二·八六四下—八六五下）。

⑫《玉耶经》（大正二·八六五下—八六七上）。

⑬《杂阿含经》卷第四十八（大正二·三五四上）。

⑭《中阿含经》卷第七（大正一·四六五上）。

⑮《增壹阿含经》卷第三十二（大正二·七二五下）。

⑯《长阿含经》卷第一《大本经》（大正一·三—五）。

《佛说七佛经》（大正一·一五〇下）。

《七佛父母姓字经》（大正一·一五九）。

⑰《佛说阿罗汉具德经》（大正二·八三四中）。

⑱《增壹阿含经》卷第五十《大爱道般涅槃品》（大

正二·八二一中—八二三中）。

⑲《杂阿含经》卷第三十六（大正二·二六六上）。

⑳《增壹阿含经》卷第二十七（大正二·六九九上—中）。

㉑《别译杂阿含经》卷第十四（大正二·四七一上）。

㉒《增壹阿含经》卷第四十一（大正二·七六九下）。

㉓大正二·八六四上—八六七上。

㉔《增壹阿含经》卷第三（大正二·五六〇）。

㉕《增壹阿含经》卷第二十二（大正二·六六〇—六六五中）。

㉖《增壹阿含经》卷第三十八（大正二·七五六下—七五八下）。

㉗《长阿含经》卷第二《游行经》（大正一·一三中—一四）。

㉘《佛般泥洹经》（大正一·一六〇下）。

㉙《中阿含经》卷第三十五《雨势经》（大正一·六四八下）。

㉚《中阿含经》卷第三十三《善生经》（大正一·六四一上）。

㉛《佛说尸迦罗越六方礼经》（大正一·六四一上）。

㉜《大般涅槃经》卷中（大正一·二五一中）。

㉝《佛说阿难同学经》（大正二·八七四中——八七五上）。

㉞《原始佛教思想论》，木村泰贤著，欧阳瀚存译，二三六——二三七页，台北商务印书馆，一九七四年。

㉟《玉耶女经》（大正二·八六三下——八六四上、八六六上）。

㊱记载大爱道比丘尼出家因缘的经典有：

《毗尼母经》卷第一（大正二四·八〇三）。

《大爱道比丘尼经》卷上（大正二四·九四五中——九四六下）。

《五分律》卷下（大正二二·一八五中——一八六上）。

《四分律》卷第四十八（大正二二·九二二下——九二三）。

《中本起经》卷下（大正四·一五八）。

《中阿含经》卷第二十八《瞿昙弥经》（大正一·六〇五）。

㊲《四分律》卷第四十八（大正二二·九二二下——九二三上）。

㊳《原始仏教の研究》，平川彰著，一八页，日本春秋社，昭和五十五年（比丘八八六名，比丘尼一〇三

名）。

㊴《印度之佛教》，印顺法师，二四—二五页，台北正闻出版社，一九八五年。

㊵《五分律》卷第二十九（大正二二·一八六上）。

㊶《四分律》卷第五十四（大正二二·九六七中）。

㊷《阿难过在何处》，印顺法师，《海潮音》四十六卷三月号，一九六五年，一三页。

㊸见注㊱。

㊹《毗尼母经》卷第四（大正二四·八一八中—下）。

㊺《摩诃僧祇律》卷第二十九（大正二二·四六五中）。

㊻《十诵律》卷第十二（大正二三·八三下）。

㊼《仏教と女性》，岩本裕，一二三—一二四页，日本株式会社第三文明社，一九八〇年，笔者译。

㊽见注㊼，一三九页。

㊾《杂阿含经》卷第四十五（大正二·三二六上）。

㊿见注㊾（大正二·三二六中）。

51见注㊾（大正二·三二六下）。

52见注㊾（大正二·三二七上）。

53见注㊾（大正二·三二七中）。

54见注㊾（大正二·三二七下）。

(55)见注㊾（大正二·三二八上）。

(56)见注㊾（大正二·三二八中）。

(57)见注㊾（大正二·三二八下）。

(58)见注㊾（大正二·三二九上）。

(59)《十诵律》卷第四十（大正二三·二九一上）。

(60)《十诵律》卷第十二（大正二三·八五中—下）。

(61)《杂阿含经》卷第四十一（大正二·三〇二中）。

(62)《十诵律》卷第四十（大正二三·二九一下）。

(63)《五分律》卷第十四（大正二二·九八中）。

(64)《五分律》卷第十三（大正二二·九〇）。

(65)《佛陀时代的社会风俗探讨》，赖丽美，一〇九页，文化大学印度文化研究所硕士论文，一九八五年。

(66)《原始佛教圣典之集成》，印顺法师，四〇二—四〇三页，台北慧日讲堂，一九七八年。

(67)《中本起经》卷下（大正四·一五九上）。

(68)《五分律》卷第十三（大正二二·八九上）。

(69)《杂阿含经》卷第十一（大正二·七四上）。

(70)《根本说一切有部百一羯磨》卷第七（大正二四·四八四）。另于《五分律》卷第七有“比丘成就十法，僧应差教诫比丘尼”之说（大正二二·四五中）。

何等为十？一者戒成就、威仪成就，恒畏小罪；二者多闻，谛能了达，知佛所说，初中后善，善义善味，具足清白梵行之相；三者善能诵解二部戒律；四者善能言说，畅理分明；五者族姓出家，诸根殊特；六者于佛法中未曾秽浊；七者举止安详，身无倾邪，被服法衣净洁整齐；八者为比丘尼众之所敬重；九者随顺说法，示教利喜；十者满二十岁，若过二十。

㉛《二十二明了论》(大正二四·六七〇)。

㉜《十诵律》卷第四十七（大正二三·三四五下）。

㉝《四分律》卷第三十（大正二二·七七五下）。

㉞《大爱道比丘尼经》卷上（大正二四·九四六）。

《中本起经》(大正四·一五八下——一五九上)。

第四章　小乘佛教时代的女性观

第一节　有关女人五障说的检讨

经与律，都是由比丘众所结集的。因各部派对女众的态度不同，内容也就有所出入。[①]一般而言，小乘佛教时代（约公元前三七〇—公元五〇〇年）对女人的态度，可由各部派所持的经律中看出其或多或少的歧视，如经律中载有"女人有五碍"（五种不可能），此说使一般女性的心理，产生深刻的自卑感，自愿处于低下的地位。

女人有五碍，或作女人有五处不能得作，或作女人不得行五事。"五碍"据经典的记载是如此的：

女人有五碍：不得作天帝释、魔天王、梵天王、转轮圣王、三界法王。[②]

这是说：佛、轮王、梵王、魔、帝释，是女人所不能，而唯有男人（丈夫）才有可能。小乘者所以持此说，而排拒女性，是因为小乘时代倾向出家主义，注重个人的修行。女众的加入僧伽团体，必然增加了比丘僧的修行困扰。小乘者将此困扰，归咎于女众，而将女性排拒于成佛的可能性之外。如化地部以为只有修习梵行的男子才能得到五事，女人是不能成佛的。③大众部则持较温和的观点，认为虽然女性不得作五事，然而女人在多劫后，仍可成就无上正真道。④一般而言，小乘者在本质上认为女人身是不可以成佛的。

小乘者以女人有五碍而摈斥、轻视女性，是否意味着佛陀亦对女性有着歧视？不！这只不过是小乘者为阻止女性出家，以利其修行的口实，并非佛陀的本意。

在原始经典中，虽有佛说女人有五碍的记载，如：《增壹阿含经·马血天子问八政品》⑤《弥沙塞部和醯五分律》⑥《中阿含经·瞿昙弥经》⑦等。然而从此说中却透露出一个讯息，即在印度当时社会早已以此五事来否定女人的社会地位与价值。因为，从《夜柔吠陀》（约公元前一〇〇〇—前五〇〇年）以来，女人地位一般是低落的，有所谓"女子为不信""女子为污浊""可合祀于污浊之神者有三：骰子、女子、睡眠是也"⑧等。至经书时代（约公元前五〇〇—前二五〇年），女子的地位愈见低落。女人之地位全与首陀罗仿佛，妇人之智识亦与首陀罗同一，皆是俗智。又规定杀妇人之罪，与杀首陀罗罪同。[9]其次，印度女人自古即不能参与政治，而一般梵行修行者，亦视女性为一大障碍，例如耆那教即不准许女人加入沙门集团。因此，被视为污浊、俗智，又始终无政治参与权的女人，是不能作佛、转轮王、梵天王、帝释和魔王的，只有男子得作此五事。这可说是反映了当时印度社会早已存有的歧视女性的思想，而佛陀观机逗教，正希望以此世俗之说来警策女众，俾袪除我慢，从恭敬中成佛证果。当初佛陀于再三考虑下同意了女性的出家，而女性意欲出家的先决条件，即是八敬法的遵守。佛陀所以制八敬法的原因之一，是因为当初请求出家的大爱道等，皆是出身贵族的释女，佛陀唯恐诸释女恃贵而骄，妨碍进德修道，影响僧团和合，故有百岁比丘尼礼新受戒比丘敬法的规定。瞿昙弥以其久修梵行，欲求佛陀废止此敬法，因此佛说女人有五碍以警惕女众，折伏女众慢心的产生，并珍惜得之不易的出家机缘，努力向道。

事实上，佛陀认为女众是能证得四果的，如《弥沙塞部和醯五分律》所载：

"若女人出家受具足戒，能得沙门四道果不？"

佛言："能得。"⑩

因此若以佛陀说女人有五碍而判定佛陀是轻视、摈斥女性，这是于理不合的。

再者，经中说：女人不得作五事，此五事皆是丈夫得为之。但是佛在姨母大爱道灭度后，赞其所行为"丈夫行，获应真道"⑪，这是佛陀肯定女性道器的确证。由此更证明佛陀说女人有五碍，只不过是为了策勉女众，并无轻视女性之意。

总之，女人有五碍是小乘者摈斥女性的口实，并非佛陀本意。因此在后来的大乘法中，处处以女人身份，与上座比丘们论究男女平等的胜义，可说是释尊时代精神的复活。

第二节　佛三十二相和女人不能成佛说的检讨

据律典传说：摩耶夫人夜梦六牙白象入其胎中，净饭王为此召来相师，占卜梦事。

> 相师答曰："如果相法，王大夫人必当生男，具足三十二丈夫之相，庄严其身。若绍王位，当乘金轮伏四天下；若出家修道，证法王位，名闻十方作众生父。"⑫

尔后，摩耶夫人果然生产一子，国王十分欢喜，召来相师为太子占相：

> "今此太子，实是成就三十二相。若在家者，得作金轮圣王，王四天下善法理化，具有七宝……具足千子，勇健端严降伏他军。此大地中所有人等，无相犯者，皆悉令行胜妙善法。若当出家得法王位，如来应正等觉，名称普闻具三十二相。"⑬

在传说中的佛陀，诞生时即具足了三十二相。三十二相，即大人相、大丈夫相⑭。据印度人的信仰，这是最大权威者应具备的人相。如经说："帝王生子，有三十二相者，立即当为飞行皇帝，王四天下，自然七宝。"⑮日人木村泰贤认为此印人信仰，原从毗湿奴神话脱化而来⑯，但在地上，主要被说为转轮王应具的人相，这是佛教当时的信仰。

所谓转轮王，是铁围山地方的支配者，但远在佛陀时代以前，印度人之间，即已生起理想的统一者的憧憬。终于转轮王成为统一世界的理想王的名称，以得毗湿奴象征的轮，同为此王的资格之一，由轮王的威力，而把世界和平地统一起来。以此，大人相，恐亦受波斯的影响，所以被认为具有所谓三十二相。那么，把轮王与佛陀结合来说：佛陀在太子时代，即被塑造成这种理想。

〔据律藏之传说，所以到成道后，始终都有法界轮王的自觉，加之，以其正法统治世界的豪气，也与轮王的大志有所相通，所以说法叫作转法轮（亦即说法如轮王乘金轮摧伏四天下），对轮王的七宝而立七觉支[17]等，始终与这轮王神话及其仪容相结合。〕[18]至于三十二相，亦是从轮王转于佛陀的。佛陀为历史的事，虽原是相貌端严，但到判明三十二相、八十随形好等，可说是从轮王神话脱化而来。然这相好观一入佛教，渐渐就变为佛陀及菩萨（最后身）的特相，如经中说："三十二相一致八十种好，不足一事者亦非佛矣。吾今已具，无一不足，故号为佛。"[19] "忽见菩萨具二十二相、八十种好的圆光一寻。"[20]所以在《阿毗达磨大毗婆沙论》卷第一七七中，特别说明轮王三十二相与佛陀三十二相的优劣。

据论事说：到北道派，说此三十二相是菩萨所成就相，而且唯是菩萨的特相。在《阿毗达磨大毗婆沙论》，菩萨的三十二妙相修得时，已舍五劣事得五胜事。即：

舍诸恶趣恒生善趣，
舍下劣家恒生贵家，
舍非男身恒得男身，
舍不具根恒具诸根，
舍有忘失念，恒得自性生念。[21]

从以上小乘之三十二相思想看来，三十二相唯是轮王、佛、菩萨（佛的最后身）的标记、殊胜及祥瑞义，而且即使已修成三十二妙相的菩萨，亦已舍非男身恒得男身。加之以小乘所主张的女人有五碍，这似乎更表明了女人身不能得三十二庄严相，不得作佛和转轮王等。

然而，在大小乘并行的时期（约公元一五〇—五〇〇年），小乘学说受了大乘思想的影响，而有了新的转变。也就是女人不能成佛的主张已不再是绝对的。例如属于一切有部的《阿毗达磨大毗婆沙论》第百七十七卷中说明三十二相，是由所谓百福庄严的结果，就是将十善业行于百思[22]的结果。那么，女人也可积行善业成就大丈夫相，虽然在法相上，终得转为男身，但女性终究可修行成佛。

为日人平川彰所认为是原始经典《善生经》的精神之扩大[23]的《优婆塞戒经》，也与前述《大毗婆沙论》之主张有相同的说法。

善生言："世尊！如佛所说，菩萨身力何时成就？"佛言："善男子！初修三十二相业时，善男子！菩萨修集如是业时得名菩萨。……善男子！菩萨从修三十二相业，乃至得阿耨多罗三藐三菩提，于其中间多闻无厌，菩萨摩诃萨修一一相，以百福德而为围绕。……菩萨常于无量劫中，为诸众生作大利益，至心勤作一切善业，是故如来成就具足无量功德。是三十二相即是大悲之果报也。……是相业体即身口意业，修是业时，非于天中北欝单曰，唯在三方男子之身，非女人身也。菩萨摩诃萨修是业已，名为满三阿僧祇劫，次第获得阿耨多罗三藐三菩提。"㉔

经中说明了，三十二相是菩萨所成就相，菩萨的最后身相已舍女人身，得男子身。又此经的《发愿品》中，世尊认为三十二相业是能善发无上大愿的智者所能成就的。

善生言："世尊！是三十二相业谁能作耶？"佛言："善男子！智者能作。""世尊！云何名智者？善男子！若能善发无上大愿，是名智者。菩萨摩诃萨发菩提心已，身口意等所作善业，愿为众生将来得果，一切共之。……愿我后生在在处处，不受女身，无根、二根、奴婢之身。"㉕

如此说来，是否显示佛陀的本意亦是歧视女性呢？

其一，以佛陀的平等精神而言，佛陀认为个人的高下、贵贱，是由行为而决定，不是出身形所赋予的。

其二，佛陀承认男女法相上自然的差异，同时由于外在环境，如社会风俗、教育等，造成女性的体力差、重感情、心胸狭窄等缺憾，这些因素必然会影响女性的成就。佛陀有鉴于此，便要求女性克服女身的种种障碍，积行善业，为真大丈夫。

其三，纵使成佛须是男身，男女也不过是一世之隔，是业力不同所造成的差别。今世的男身是前世的女身行业发愿所得，来世的女身是今世的男身行业发愿所感，以佛陀的轮回思想而言，男女是平等的，女性何得受歧视？何况佛陀亦曾论及其前生，曾为牟尼女㉖、银色女㉗，以行菩萨道及种种功德，而于今世成佛。

这说明了佛陀认为众生成就三十二相，完成佛道理想的机会是均等的。因此，大乘《胜鬘经》中的胜鬘夫人发三大愿、十大受，是能善发无上大愿的智者，是去除女身种种恶习，成就真大丈夫、现身转大法轮、佛陀平等思想的发挥！又《观无量寿佛经》说："诸佛如来是法界身，遍入一切众生心想中，是故汝等心想佛时，是心即是三十二相、八十随形好，是心作佛，是心是佛。"㉘此经思想与《胜鬘经》相互比照之下，愈发显现大乘佛教对佛陀平等精神的光扬。至于小乘的歧视女性，在大乘的经典中，处处可见为大乘所驳斥，而屈居下风的窘态。此将于下章中详述。

注释

①《初期大乘佛教之起源与开展》，印顺法师，一九
三——一九四页，台北正闻出版社，一九八二年。比丘的
"戒经"，是原始结集所论定的，虽经长期的传诵、部派
的分化，而"众学法"以外的戒条，还是大致相同。比
丘尼的"戒经"，情形大为不同，如《摩诃僧祇律》，尼
戒共二七七戒，尼众的不共戒仅一○七戒。《五分律》共
三七九戒，不共戒达一七五戒。依正量部所传而论，比
丘尼不共戒九九，总数不过二五四戒。各部的出入，如
此之大。原来比丘尼律，是比丘持律者所集成的。因各
派对尼众的态度不同，繁简也就大大不同了。

②《弥沙塞部和醯五分律》卷第二十九（大正二
二·一八六上）。其他经典出现有"女人有五碍"之说的
尚有：

《中阿含经》卷第二十八《瞿昙弥经》（大正一·六
○七中）。

《佛说瞿昙弥记果经》（大正一·八五六上）。

《增壹阿含经·马血天子问八政品》（大正二·七五
七下）。

《中本起经》（大正四·一五九中）。

《大爱道比丘尼经》（大正二四·九四九中）。

③《佛说瞿昙弥记果经》（大正一·八六六上）。

④《增壹阿含经·马血天子问八政品》（大正二·七五七下—七五八上）。

⑤见注④。

⑥见注②（大正二二·一八六上）。

⑦《中阿含经》卷第二十八《瞿昙弥经》（大正一·六〇六下—六〇七中）。

⑧《印度哲学宗教史》，高楠顺次郎、木村泰贤著，高观庐译，三二四—三二五页，台北商务印书馆，一九八三年。

⑨见注⑧（三二五页）。

⑩见注②（大正二二·一八五下）。

⑪《佛母般泥洹经》（大正二·八七〇中）。

⑫《根本说一切有部毗奈耶破僧事》卷第二（大正二四·一〇七）。

⑬见注⑫（大正二四·一〇九）。

⑭大丈夫三十二相为：顶上肉髻；头髻右旋；额广平；眉间白毫；眼色绀青而眼睫如牛王；四十齿具足；齿齐密；齿根深；齿白净；咽中津液得上味；颊车如师子相；舌覆面至发际；声如梵王；臂头圆相；七处平满；两腋满相；皮肤细滑；正立不屈，二手过膝；上身如师

子；身纵广等答，如聂卓树；身上毛生，青色柔软；毛上靡；阴藏如马王；足跟圆好；足不露踝；手足柔软；手足缦网；指纤长；手足具千辐轮；足下安平；足跌高隆；腨如鹿王。

⑮《佛开解梵志阿颰经》（大正一·二五九下）。

⑯《小乘佛教思想论》，木村泰贤著，演培译，六六页，台北慧日讲堂，一九七八年。

⑰《杂阿含经》卷第二十七（大正二·一九四上）。转轮圣王出世之时，有七宝现于世间，金轮宝、象宝、马宝、神珠宝、玉女宝、主藏臣宝、主兵臣宝。……如来出兴于世，有七觉分现于世间，所谓念觉分、择法觉分、精进觉分、喜觉分、猗觉分、定觉分、舍觉分。

⑱见注⑰，就轮王与如来的对比，可参阅《施设论》卷一—三（大正二六·五一四—五二一）。

⑲《梵摩渝经》（大正一·八八五中）。

⑳见注⑫（大正二四·一二二下）。

㉑《阿毗达磨大毗婆沙论》（大正二七·八八七上）。

㉒见注㉑（大正二七·八八九下—八九〇中），百思名为百福。

㉓《佛典解题事典》，地平线出版社辑，一一三页，台北地平线出版社，一九七七年。

㉔《优婆塞戒经》卷第一（大正二四·一〇三八

下——一〇三九上）。

㉕《优婆塞戒经》卷第二（大正二四·一〇四〇上—中）。

㉖见注④（大正二·七五七下）。

㉗《银色女经》（大正三·四五一下）。

㉘《观无量寿佛经》（大正一二·三四三上）。

第五章　大乘佛教时代的女性观

　　由佛教发展的形式而言，部派佛教时代（约公元前三七〇—公元一五〇年）的佛教阵容已大为整齐，即所依的经典业已定型，教义学①的解释也已确定，即使是教团的规定也日渐缜密。然其在一切完备中，却渐失去原始佛教的精神，对一般民心终不得保持紧密的接触。其中同为部派佛教的大众部、案达派，采取自由的立场，欲在精神上涸竭的传统佛教中注入新血轮。但由于部派佛教的限制，仍然不能有多大的飞跃。

　　大乘思想，是从南印与北印两处所兴起的一活泼思想。它重振了原始佛教的活泼精神，打破了部派佛教的形式化，继承了大众部系自由派的系统，而把佛陀精神因应于时代，迸出了新的生命火花。

　　另外，从大乘思想发生的社会背景而言，它是产生于案达罗和笈多两王朝（公元五〇—四〇〇年）。两个王朝对佛教都不大支持，而迫使大乘向下层社会发展以取得群众的支持。在南方的大众案达部，是向平民群众宣扬的，于是大乘就在这已有的群众基础上兴起。所以它在学说中，就反映了这些阶层的思想意识，而表现于大乘经典中。

基于此，大乘佛教经典所出现的种种女性观将于本章逐一予以研讨。

第一节　大乘佛教经典中出现的女性成佛观

女性是否成佛，为佛教男女平等与否的一个争论焦点。本节将以大乘佛教经典所呈现的诸多学说：佛性一如说、变性成佛说、女人即身成佛说及授记成佛等，阐明大乘佛教女性的平等观。

一、佛性一如说

诸大乘经中，最原始且最根本的是般若经。"般若"代表的是空的思想，是原始佛教缘起观的结论，是部派佛教发达的种种空观的总和。同时，一切大乘经典的人生观、世界观，都是建筑在这上面的。

空的思想正是平等意义的实践，是种姓、男女、一切众生间的平等。是以《金刚般若波罗蜜经》的空义，阐明了一切众生佛性平等一如，无有分别，如：

> 凡所有相，皆是虚妄。……复次，须菩提！是法平等无有高下，是名阿耨多罗三藐三菩提。以无我、无人、无众生、无寿者，修一切善法即得阿耨多罗三藐三菩提。[2]

但众生以妄心，取分别执着，而有男女相、高下、优劣的差异，甚而对女性产生了种种歧视与乖论，殊不知此等都是虚妄幻相，是障道之缘。

此般若的空观思想，破除了部派时代对女性的歧视，开展了佛教女性运动的新纪元，倡导了大乘时代的男女平等思想。

以般若为背景，并以戏剧性之叙述法来驳斥小乘，说明男女法性一如的平等思想，打击男性优越感，即是《维摩诘所说经》。此经中的《观众生品》，菩萨以了无分别智故，花不着身。小乘花着不落，则是由于他们心起分别。以此，天女与舍利弗展开一场争辩。天女遂以大乘师子吼折伏了小乘偏见，破除男女相之身见，阐释了男女本性原来平等无异的观念。

（一）破男女相之身见

舍利弗听闻天女所转妙法，但他基于其习惯因袭的思想，一向蔑视女性，认为女人所说法没有价值，因而希望天女转成男相，以弥补此缺陷。于是问天女：

"汝何以不转女身？"天女答言："我从十二年来求女人相了不可得，当何所转？譬如幻师化作幻女，若有人问：'何以不转女身？是人为正问否？'"舍利弗言："不也！幻无定相，当何所转。"③

这说明了诸法相虽有差别，然性自平等。男女性者，因结习而有。若结习已尽，则无男女相之差别。譬如幻师以幻术化成的幻女，是虚妄不实的，是无固定形象的，一切诸法也是如此没有定相。以此诸法空性阐明佛法本是平等，故而不可着相分别。

（二）明男女法性一如，平等无二

一切众生由业感故，随其因缘差别现男现女，一切菩萨以愿力故，随其因缘差别示现男女。一切女人，也是如此，由业感差别显现女身。虽现女身，实非女也。因此佛说一切诸法，因缘幻化，相虽差别，同一真如。如经中说：

天女以神通力变舍利弗令如天女，天女自化身如舍利弗，而问言："何以不转女身？"舍利弗以天女像而答言："我今不知何转而变为女身？"天女曰：

"舍利弗！若能转此女身，则一切女人亦当能转。如舍利弗！非女而现女身，一切女人亦复如是，虽现女身而非女也。是故佛说：'一切诸法，非男非女。'"④

这也就是在事法界，由业力而幻现不实的男女之相，是不容否认的。而在理法界，虽有因缘差别，但其性本空寂，实非女也。

然事理本自圆融，因缘性空，诸相皆幻。幻化诸法无论是男是女，价值是平等的。因为在理性上，同一真如法性，何有女身不净，女性多障之过？在事实上，男女各有其特长，谁也代替不了谁。

要之，于此诸法无别，男女法性寂然一如的平等法中，成佛岂分男女？

其次，在大乘诸经典中，同样说明无男女法，女身如幻化，法性一如，皆能成佛的经典有：

(1)《佛说阿阇贳王女阿术达菩萨经》⑤

(2)《佛说月上女经》⑥

(3)《佛说大净法门经》⑦

(4)《大庄严法门经》⑧

(5)《宝女所问经》⑨

(6)《佛说无垢贤女经》⑩

（7）《佛说须摩提菩萨经》[11]

（8）《顺权方便经》[12]

（9）《佛说离垢施女经》[13]

（10）《大方等无想经》[14]

（11）《佛说长者法志妻经》[15]

（12）《佛说长者女庵提遮师子吼了义经》[16]

（13）《首楞严三昧经》[17]

（14）《诸佛要集经》[18]

上述十四部经典主要说明：于佛道上须远离一切虚妄分别。以男女身相而言，幻化缘起，何由起优劣，而心生轻慢，如经中说："诸法一味，谓法性味"[19]"五阴如幻化，三界由己作，三世以平等，道心无等侣""空慧一切本净"[20]。因此除了《佛说大净法门经》《大庄严法门经》《佛说无垢贤女经》三部经叙说大乘法无男无女外，其余的十一部经典，都是先由佛陀的诸大弟子，如：舍利弗、大目连、须菩提、文殊师利等及天帝释，立于小乘者的立场，主张女菩萨应转女人身成男子。因为他们基于蔑视女性心理，认为这些神通变化、辩才无碍、充满了如佛智慧的女菩萨，都应该是男子身。针对这些偏见，诸女菩萨以"夫空体者，无回无转，一切诸法亦复如是"[21]"虽在女相其心即非女也"[22]"不以女身及男子形逮成正觉"[23]"是男是女俱为颠倒，一切诸法及与颠倒，悉皆毕竟离于二相"㉔"诸法悉如虚空"㉕等驳斥了代表小乘立场的虚妄分别。其次，世尊以诸女菩萨，为度男女故，权道示现男女相，实则大乘法无男女，如经中说："菩萨咨所乐喜以权道示现有男女，其限无所挂碍，欲度男女故。"㉖"菩萨大士以慧神通善权方便圣明之故，现女人身开化群黎。……当造斯观，无男子法无女人法，具足一切诸法之要。"㉗"是天女者，常于无量阿僧祇劫为众生故现受女身。……菩萨摩诃萨住是三昧，其身自在能作种种随宜方便，虽受女像心无贪着，欲结不污。"㉘

所以这些经典，基本上是驳斥了小乘的男女差别观，并进一步阐发了大乘男女乃至众生平等的精神。

关于众生的平等空寂性，经中除了以女转男身问题说："女人之相了不可得，今何所转?"㉙而对男尊女卑、妄相执着予以棒喝外，在《大般涅槃经》《大方广圆觉修多罗了义经》，佛陀更明示诸大弟子"一切众生悉有佛性"。如：

《大般涅槃经》

凡有心者，定当得成阿耨多罗三藐三菩提，以是义故，我常宣说："一切众生悉有佛性。"㉚

《大方广圆觉修多罗了义经》

"善男子！此菩萨及末世众生，修习此得成就者，于此无修，亦无成就，圆觉普照，寂灭无二。……始知众生本来成佛，……一切法性，平等不坏。"[31]

由以上大乘诸经的论证，显见大乘佛教对众生佛性一如的肯定，而男女之相了不可得的三昧游戏神通，亦复显示了大乘佛教男女平等的真正精神。

二、变性成佛说

变性成佛，是女人除非变成男性身，否则就不能成佛。这个问题在佛教中，关于女人的成佛思想是一个非常重要的课题。因为此变性成佛说，势必产生两个疑问：

（一）女人成佛须转身为男子，这与佛陀的众生皆能成佛的平等意义是否互相冲突？而对一向倡导男女平等的大乘佛教精神是否为一矛盾讽刺？

（二）变成男子是女人成佛的先决条件，此是否为小乘女人五障说之承认？

针对以上两个问题，本节将作一持平的论证。

变性成佛说最具代表性的经典是《法华经》的龙女成佛。在《妙法莲华经·提婆达多品》中，八岁的龙女智慧利根，一发菩提心，就得不退转，能成佛道。智积菩萨于此产生疑问而发问：

> 我见释迦如来于无量劫难行苦行，积功累德，
> 求菩提道，未曾止息，观三千大千世界乃至无有如
> 芥子许，非是菩萨舍身命处，为众生故，然后乃得
> 成菩提道。不信此女于须臾顷，便成正觉。㉜

智积菩萨言论未毕，龙王女欲证是事，以神通力现
于佛前，赞叹佛陀"深达罪福相，遍照于十方，微妙净
法身，……天人所戴仰，龙神咸恭敬，一切众生类，无
不宗奉者。又闻成菩提，唯佛当证知。"因此龙女说"我
阐大乘教，度脱苦众生"，有佛为证，这当然不是虚妄
之言。

佛弟子之中智慧第一的舍利弗，因见文殊对智积所
言："龙女八岁慈悲和雅，能至菩提"，内心亦起疑惑，
于是以女人五障质问龙女：

> "汝谓不久得无上道，是事难信。所以者何？女
> 身垢秽，非是法器，云何能得无上菩提？佛道悬旷，
> 经无量劫，勤苦积行，具修诸度，然后乃成。又女
> 人身犹有五障：一者不得作梵天王；二者帝释；三
> 者魔王；四者转轮圣王；五者佛身。云何女身速得
> 成佛？"㉝

此时龙女持一价值三千大千世界之宝珠以奉世尊，如来即纳受此珠印证其心。龙女既已献珠，乃问智积及舍利弗："我献宝珠，世尊纳受，是事疾不？"答言："甚疾。"

于是龙女告诉二人，以你们的所有神通之力，见我成佛，更速于献珠。当时与会诸听法者，皆见：

> 龙女忽然之间变成男子，具菩萨行，即往南方无垢世界，坐宝莲华，成等正觉。具三十二相、八十种好，普为十方一切众生演说妙法。尔时娑婆世界，菩萨、声闻、天龙八部、人与非人，皆遥见彼龙女成佛，普为时会人天说法，心大欢喜，悉遥敬礼。无量众生闻法解悟，得不退转，无量众生得受道记，……智积菩萨及舍利弗一切众会，默然信受。[34]

《法华经》所阐释的是一乘思想，一切众生皆可成佛，即使是旁生道的龙女，亦能于现生中变成男子，立往南方无垢世界，坐宝莲华，成等正觉。不过龙女的"忽然间变成男子"而成佛，却成为一令人疑惑争论的问题。为什么呢？倘若一切众生皆可成佛，龙女的变性成佛岂不成了矛盾，更是同意了小乘所说："女身垢秽，非是法器""女人身有五障"。为什么同一部经典竟然会出现有两种不同的女人观呢？其实，《法华经》是一部极富文学性的经典，其所表现的形式多是使用譬喻，以达成人们对一乘思想主张之理解。因此，龙女的成佛，应是文学性的手法之采用。如此：

（1）《法华经》说女身有五障，是舍利弗尊者站在小乘立场所提出。此舍利弗执权难实，欲破权疑，以闻实道。因而此非究竟显示一乘妙旨的《法华经》的旨趣。与《法华经》同样有"女人五障，应变成男子"记述的经典是，西晋惠帝时代聂承远所译的《佛说超日明三昧经》二卷。

有位长者女名慧施，与五百女人共赴佛处，因听闻佛陀所说"超日明定"，非常欢喜而对佛陀说：

"我今女身，愿发无上正真道意，欲转女像疾成正觉度脱十方。"⑤

此时有一位比丘名上度，听彼女如是说，颇不以为然，于是对慧施女说：

"不可女身得成佛道也。所以者何？女有三事隔五事碍。何谓三：少制父母；出嫁制夫，不得自由；长大难子，是谓三。何谓五碍：

一曰：女人不得作帝释。所以者何？勇猛少欲乃得为男。杂恶多态故，为女人不得作天帝释。

二曰：不得作梵天。所以者何？奉清净行，无有垢秽，修四等心若遵四禅乃升梵天。淫恣无节故，为女人不得作梵天。

三曰：不得作魔天。所以者何？十善具足，尊敬三宝，孝事二亲，谦顺长老，乃得魔天。轻慢不顺毁疾正教故，为女人不得作魔天。

四曰：不得作转轮圣王。所以者何？行菩萨道慈愍群萌，奉养三尊先圣师父，乃得转轮王主四天下，教化人民普行十善，遵崇道德为法王教。匿态有八十四无有清净行故，为女人不得作圣帝。

五曰：女人不得作佛。所以者何？行菩萨心愍念一切，大慈大悲被大乘铠，消五阴化六衰广六度，了深慧行空无相愿，越三脱门，解无我人、无寿、无命，晓了本无不起法忍，分别一切如幻、如化、如梦、如影、芭蕉、聚沫、野马、电燧、水中之月，五处本无，无三趣想，乃得成佛。而着色欲，淖情匿态，身口意异故，为女人不得作佛，得此五事者皆有本末。"㊱

以此，慧施女和上度比丘展开论争。慧施女质问上度比丘："各殖诸本用获果实，本有男女及报应耶？本有五处释梵魔王转轮圣帝大道小道乎？"上度答曰："无也。"慧施问曰："设使本无，何因而有？"答曰："因行而成。"……在慧施女锐利的一连串质问下，上度比丘于是承认：男女之成正觉是平等的，是无所界别。因此慧施表明"吾取佛者，有何难也？"㉟佛陀乃赞赏慧施女。于是慧施转女像化成男子踊在空中，从上来下稽首佛足，得不起法忍。

由是大乘经典中对小乘者所说之"女身有垢秽、五障"的彻底驳斥，显见大乘佛教对女性道器的承认。

（2）龙女的转为男性而成佛，其所意味并非女性人格或人性的否定，而是女身、女性肉体问题的解决。因为男性的欲望对象是女性的肉体，因此女性成为男性之佛道修行者的最大障害，这个事实是非常重要的。基于此，在律中关于男女的性问题有许多的规定。而大乘佛典中具代表性的是《法华经》的《安乐行品》，此品对大乘之佛道修行者强调不可亲近妇女，其目的在避免修行上的障害，而迈向成佛之道。

因此龙女的变成男子，舍去女身而成佛的形态不能视为佛教对女性的偏见，而是意味着女身不再是男性眼中欲望的对象。而且对女性而言，是自己由强烈的从属性中之脱离。

（3）至于慧施的"转女像化成男子"，为证明一切如幻如化，皆随因缘而成。既能随行转女成男，女人之成佛又有何难？如其偈说：

> 本每自观察，谓男有常种。
> 强弱各有品，女固不得移。
> 今日蒙佛恩，乃知无坚固。
> 五道如幻化，随行而各成。
> 三界为心迷，不了本无谛。
> 自计有吾我，缚着堕污泥。
> 譬如捕鱼工，以钩钓取鱼。
> 非自己所有，自谓我应获。
> 三界如寄居，四大非我所。
> 解诸法如梦，则无有取舍。
> 惟佛见加哀，恩慈垂覆盖。
> 令转女人身，值超日明定。
> 得佛成国土，教化诸天人。
> 众生皆度脱，疾获无上真。㉝

所以慧施的转女成男，仅在于证明其所言不虚，其非意味着排斥女性的矛盾。简而言之，龙女、慧施的变成男子，可说是大乘佛教为实现佛陀平等精神的权巧发挥。

三、女人即身成佛说

女人即身成佛，是女人能以女人之肉身而成佛，这是有异于《法华经》的龙女变性成佛。叙说女人即身成佛的大乘经典有：

（一）《佛说海龙王经》卷三《女宝锦受决品第十四》

在《佛说海龙王经》中，宝锦女与大迦叶论辩"女身得成佛道"，最终大迦叶不得不承认女亦当成最正觉。

海龙王有一女名宝锦离垢锦，其与万龙夫人，以珠玉璎珞奉予世尊，向佛陀赞叹说：

> 今日吾等一类平心皆发无上正真道意，吾等来世得为如来至真等正觉，当说经法将护众僧如今如来。㉟

一向蔑视女性的迦叶尊者，听诸女如此对佛恳请，于是向龙王女等说：

> 无上正觉甚难可获，不可以女身得成佛道。

从来小乘教徒认为成佛，是特殊之人经特殊修行的结果，尤其女身垢秽又有五障，无怪乎小乘者代表大迦叶要向龙王女提出警告。但龙王女宝锦加以驳斥：

心志本净，行菩萨者得佛不难，彼发道心，成佛如观手掌，适以能发诸通慧心，则便摄取一切佛法。……又如所云，不可以女身得成佛道，男子之身亦不可得。所以者何？其道心者无男无女。如佛所言，计于目者无男无女，耳鼻口身心亦复如是无男无女。⑩

龙王女与迦叶尊者在重重的问答之后，迦叶尊者终于自认辞穷理亏，而向宝锦女承认：

"如女之辩才，不久当成无上正真道最正觉。"

于是与会众中之天龙鬼神等，心自念：

"是宝锦女何时当成无上正真道最正觉？"

佛知道诸天龙神等内心所念，于是告诸比丘：

"此宝锦女三百不可计劫后，当得作佛，号曰普世如来至真等正觉。"⑪

本经文中的两位论辩者：大迦叶代表小乘者，最卑微的旁生女身龙王女宝锦，则是意味着对蔑视女性的传统社会的革新意见。

(二)《胜鬘师子吼一乘大方便方广经》

(三)《大宝积经》卷百十九《胜鬘夫人会第四十八》

这两部经都是叙说胜鬘夫人的成佛作师子吼，同样都是女人即身成佛的经典。经典中的女主角胜鬘夫人（Śrimālādevi），是憍萨罗波斯匿王和末利夫人的女儿，适于阿逾阇国的友称王。此女生来慈悟聪愍，多闻智慧，因受双亲亲书称扬如来真实功德，而赞叹如来殊胜之德。

佛陀以胜鬘夫人赞叹如来殊胜功德之善根的积聚而授记胜鬘：

> "所生之处常得遇我，现前称叹如今无异，复当供养无量无数诸佛世尊，过二万阿僧祇劫，当得作佛，号曰普光如来应正等觉。彼佛国土无诸恶趣衰老病苦，亦无不善恶业道名。其中众生形色端严，具五妙境纯受快乐。"[42]

胜鬘闻佛授记后，即发三大愿、十大受，摄受正法，这是胜鬘夫人于女人成佛形态的最大特色。这个誓愿的内容是大乘菩萨道的代表性德目，是实践菩萨道的最高理想，可说是女性步向佛道的强烈意志之体现。

《胜鬘经》的女性成佛问题，是建立于一乘思想的基础上：

> 世尊！彼先所得地，不愚于法，不由于他，亦

自知得有余地，必当得阿耨多罗三藐三菩提。何以故？声闻、缘觉乘，皆入大乘。大乘者，即是佛乘，是故三乘即是一乘。[43]

一乘思想，不外是无差别的成佛问题，是男女之间成佛、不成佛问题的差别否定，亦即是达成女人成佛目标的解决。

以上两部论述女人即身成佛的经典，是大乘对小乘的"女有五障"思想之摧伏，是男女平等观念的显现，而与此有相同意味的是女身为圣王，统理政治的出现。如：

（一）《大方等无想经》

南岸有城名曰熟谷，其城有王名曰等乘，其王夫人产育一女，名曰增长，……护持禁戒，精进不倦。其王国土以生此女故，谷米丰熟，快乐无极，人民炽盛，无有衰耗、病苦、忧恼、恐怖、祸难，成就具足一切吉事。邻比诸王咸来归属。……其王未免忽然崩亡，尔时诸臣即奉此女以继王嗣。女既承正，威伏天下，阎浮提中所有国土，悉来承奉无拒违者。女王自在摧伏邪见。[44]

（二）《大方等无想经》卷第四

> 天女！时王夫人即汝身是，……值我出世复闻
> 深义，舍是天形即以女身当王，国土得转轮王所统
> 领处四分之一，得大自在，受持五戒，作优婆夷，
> 教化所属城邑聚落，男子、女人、大小受持五戒守
> 护正法，摧伏外道诸邪异见。[45]

由这些大乘时代发展出来的作品，我们可以看出大乘者是不断地在显扬佛陀的平等精神，而以种种方便形态抨击传统社会对女性的卑视，企图塑造女性的新形象，消除女性在社会所受不平等待遇的痛苦。

四、授记成佛

授记是关于未来成佛的证言。早在佛陀时代，佛陀即曾直接为五百比丘尼授第一果记，如《杂阿含经》卷第十一的二七六经[46]记载着：难陀为比丘尼详说六根、六境、六识是苦、无常、无我，又以譬喻说明，教诫他们修习七觉支，可得漏尽解脱。世尊对难陀说，为了使众比丘尼能充分理解，明日也说与今日相同的教诫。翌日难陀就依佛教示，重述一次，于是世尊为五百比丘尼授第一果记。

本经被认为与《法华经》的女人授记有关，《法华经·劝持品》，一般认为是女人成佛授记之最著名者。此

品是佛陀为比丘尼及龙女授记成佛的记载。

以舍利弗为始，佛陀对无数声闻佛弟子，恶人之代表提婆，给予将来成佛的记莂[47]。而女性将来是否也能成佛呢？这是女性们所关心的。因此，以佛姨母为首的众比丘尼向佛陀表示了他们的疑虑。

> 尔时，佛姨母摩诃波阇波提比丘尼，与学无学比丘尼六千人俱，从座而起，一心合掌，瞻仰尊颜，目不暂舍。于时世尊告憍昙弥："何故忧色而视如来？汝心将无谓我不说汝名，授阿耨多罗三藐三菩提记耶？"

佛陀了解诸比丘尼心中所思，于是一一给予授记，消除他们的疑虑，增长他们的信心。

> "憍昙弥！我先总说，一切声闻皆已授记，今汝欲知记者，将来之世当于六万八千亿诸佛法中为大法师，及六千学无学比丘尼俱为法师，汝如是渐渐具菩萨道，当得作佛。……"尔时，罗睺罗母耶输陀罗比丘尼，作是念：世尊于授记中，独不说我名。佛告耶输陀罗："汝于来世百千万亿诸佛法中，修菩萨行，为大法师，渐具佛道，于善国中当得作佛。"[48]

其次，在大乘经典中，佛为妇女授记成佛者，为数甚多，俯拾可得。例如：

（一）《佛说须摩提菩萨经》，须摩提女至八十四亿劫不归恶趣，供养六万诸佛世尊，出家为道志于沙门。……恒以善意奉持要法，号天中天。[49]

（二）《佛说阿阇贳王女阿术达菩萨经》，王妃月明尽形寿当承其佛第得作佛。[50]

（三）《海龙王经·女宝锦受决品》，宝锦女三百不可计劫后，当得作佛，号曰普世如来至真等正觉。[51]

（四）《胜鬘夫人会第四十八》，胜鬘夫人过二万阿僧祇劫，当得作佛，号曰普光如来应正等觉。[52]

另外如妙慧童女、净信童女等，亦皆蒙佛记莂来世当得作佛。

授记，是一种确认，佛陀为女众的授记成佛，在大乘佛教中具有何等意义呢？

（一）女性道器之确认：据《妙法莲华经》说，佛陀是："深达罪福相，遍照于十方，微妙净法身，具相三十二，以八十种好，用庄严法身。天人所戴仰，龙神咸恭敬，一切众生类，无不宗奉者。又闻成菩提，唯佛当证知。"[53]因此，授记女性成佛者是众所推崇的佛陀，这无异加强了女性道器的公信力，以及不容怀疑的事实，是对小乘以女人非法器之说的推翻。

对女性修道信心的鼓舞：由于女性道器的被确认，

妇女们只要勤习梵行，修菩萨道，终必能成佛作祖。这不啻使妇女向道的信心倍加坚定，而且对痛苦的解脱亦充满了希望。

五、净土思想、本愿和女性

佛法的本质是以身心的修持，达成苦痛的解脱，是一道德、智慧的宗教。人类的苦痛，有来自个己身心之贪嗔痴、老病死。有来自社会的因素，或爱或恨，都难免于痛苦。有来自物我的关系，即自然界的缺陷，生活资具的不合意，无法满足自我的欲求等。

佛要人能知苦，在部派佛教中，苦已被分类为生苦、老苦、病苦、死苦、爱别离苦、怨憎会苦和所求不得苦。解脱忧悲苦恼的原则，是使心清净，因"心杂染故有情杂染，心清净故有情清净"。而心离烦恼，不再为老病死苦恼，实现众苦永灭的涅槃，这是圣者的修证。与身心修证同时，对于人类社会的、自然界的苦难，要求能一齐解除的，那就是佛教净土思想的根源。[54]

净土，是对照于现实世间的缺憾，而表达出理想的世界，以释尊诞生的印度而言，自然界与社会都不够理想，佛弟子的修行，也因而有很多的障碍。如是，净土遂为修道者一定能完成崇高理想的修道场所。

面对印度社会重男轻女的现象，佛教女性须寻求对女身的一个合理解决，而大乘的净土思想、诸佛本愿，给予了佛教女性脱离传统歧视束缚的理想与希望。

净土思想中诸佛本愿，是要如何对苦痛的女性假以援助呢？

（一）阿閦佛净土

在诸佛净土中，阿閦佛土是唯一有女人的净土。它在大乘净土观中发展较早，尚保有人间净土的某些特性。此净土中女人的德行远超于玉女宝百千万倍，如经中所说：

> 诸人民终不失善法行，譬如舍利弗！玉女宝过逾，凡女人不及，其德如天女。如是舍利弗！其佛刹女人德，欲比玉女宝者，玉女宝不及其佛刹女人，百倍、千倍、万倍、亿倍、巨亿万倍不与等。⑤

故而此佛土中的女人在心理和生理二方面都获得了改善。

心理上：女人不再有嫉妒、两舌恶口的过失。同时也受到尊重而没有男女间的纠纷与苦恼，如经中说：

> 佛语舍利弗："其刹人民不从淫欲之事。……其佛刹女人无有女人之态，如我刹中女人之态也。舍利弗！我刹女人态云何？我刹女人：恶色丑恶舌，

嫉妒于法，意着邪事，我刹女人有是诸态。彼佛刹女人无有是态，所以者何？用阿閦如来昔时愿所致。"㊿

生理上：女人没有不净，生育无有苦痛。女人所用的衣物珠玑璎珞，自然而有，满足了女人的庄严需求，如：

佛语舍利弗："阿閦如来佛刹女人，意欲得珠玑璎珞者，便于树上取着之，欲得衣被者，亦从树上取衣之。"……佛复语舍利弗："阿閦佛刹女人，妊身产时身不疲极，意不念疲极，但念安隐亦无有苦。"其女人一切亦无有诸苦，亦无有臭处恶露。舍利弗！是为阿閦如来昔时愿所致。㊼

阿閦是无嗔恚、无愤怒的意思。阿閦菩萨发愿修行，以无嗔恚为本，而注意到女人痛苦的解决。大乘佛法兴起时，显然不满于女人所受的不幸、不平等，所以初期的大乘经每发愿来生脱离女身，或现生转女成男。这是不满于女人的遭受，而采取的解决办法，然而阿閦菩萨的意愿，却与此大相径庭。因为只要解除女人身体及生产所有的苦痛，女人在世间，论修证，并无不如男子，何必转为男子？

（二）阿弥陀佛极乐净土

阿閦佛净土，是保有男女共住的净土，而阿弥陀佛净土是立愿实现一没有女人的、完善的净土。如经中说：

> 阿弥陀佛于因地修行时，为法藏比丘，彼时其发愿："设我得佛，国中人天，不悉成满三十二大人相者，不取正觉。……设我得佛，十方无量不可思议诸佛世界，其有女人闻我名字，欢喜信乐，发菩提心，厌恶女身，寿终之后复为女像者，不取正觉。"㊿

因此阿弥陀佛净土，女人往生即化作男子。这显示社会上的重男轻女，女性厌恶女身的情绪很深，有转女成男的信仰。于是超越了男女共住的净土，进而为纯男无女的净土。

（三）药师如来琉璃净土

药师琉璃光如来，于过去生中，本行菩萨道时，以大悲心发十二大愿，摄导众生。琉璃净土对前二净土而言，是较晚期出现的净土思想，此时女人在社会上依然无法摆脱传统的苦恼，女人还是希望能弃舍女身，因此药师琉璃净土中，乃是功德庄严，一向清净，无有女人，亦无恶趣及苦音声。药师如来为满足众生所求，发愿众生皆能成佛，愿舍女身者闻药师如来的名号，一心称念，礼敬恭养，皆得转女成男，具足大丈夫相，由此修行，即可证得无上菩提。如：

　　第一大愿：愿我来世得阿耨多罗三藐三菩提时，自身光明，炽然照耀无量无数无边世界。以三十二大丈夫相，八十随形好，庄严其身，令一切有情如我无异。……第八大愿：愿我来世得菩提时，若有女人，为女百恶之所逼恼，极生厌离，愿舍女身，闻我名已，一切皆得转女成男，具丈夫相，乃至证得无上菩提。[59]

　　可见在大乘佛教中，表现愿生他方净土，是当时印度一般佛教界，面对杂乱苦恼的现实世间，社会重男轻女，而引起的出离思想。净土思想本愿的产生说明了大乘社会运动是立于男女平等的立场，因女性于现实界无法取得平等，痛感内外必然的压迫，而给予精神的救济，使妇女能把自己从现实的束缚中解放出来。例如：《观无量寿佛经》描述王舍城阿阇贳，受恶友调达之唆使，欲害其父频婆娑罗。其母韦提希以酥蜜和麨输王，亦受其闭。韦提希夫人为其恶子之行所苦恼，悲痛不绝，遂求于世尊，愿离此污浊阎浮恶世。佛陀慈悲乃为韦提希夫人开示十六种观想之法，敷演往生净土的妙方，令韦提希与五百侍女见极乐世界广长之相，弥陀佛身及观音、势至二菩萨，心生欢喜，苦恼解除。韦提希于欢喜之余，豁然大悟，得无生忍。五百侍女亦皆发大菩提心，愿生彼国，世尊悉记皆当往生。[60]

韦提希夫人的观净土而离苦，应是净土思想对女性现实状况缺陷补救的一典型案例！

女人既往生净土，则净土中不再有男女相之分别与歧视，有的只是种种成佛的助道因缘。因此，人人依着诸佛菩萨本愿，皆可修行成佛，达成平等之真如佛性，这也是佛陀平等精神的阐扬。

第二节 权巧方便与女身

佛陀说法观机逗教，以种种权宜施设教化众生。佛陀对女性问题的解决也不外于此，以适应当时的社会民情，而完成其实现平等的目的。大乘佛教本此活泼精神的发挥，有方便女身与转女身法的出现。其最终要旨，在于说明男女身不过是方便所现，何有尊卑、贵贱？离女身法更足以说明佛法以温和权宜机变，解决社会问题，以渐进方式，达成本宗平等的目的。

一、方便女身的出现

在丰富的大乘经典里，提出女身方便出现的经典有：

(一)《顺权方便经》二卷

诸佛菩萨欲开化众生，行善权方便，于一切众生生平等心，而不取相，以此方便为大乘道。

> 贤者须菩提，问其女曰："姊以何所善权方便而不弃舍一切众生，随时之宜，悉开化之？"女言："仁者当晓此意，女人在世多慕欲乐，而不以厌逾于男子，女人情兴好于欲乐，以故菩萨行权方便而导引之，故现女像因教诲之，男子之身不可现入贵人淫女。"⑥

这是菩萨为引女人离于欲乐免于堕落，以方便现女人之身而度化之。然此尚不足演其平等意，因此，须菩提又问：

> "今姊何故女人之像，化众女人乎？"于彼世时，转女菩萨现女人像，须臾一时，由十二年现其像貌为尊者子，清净衣被，着男子服，问须菩提："仁为凡夫，学从致乎？"须菩提答曰："吾非学也，亦非凡夫。"其女报曰："如是如是！唯须菩提，我无所持。"时尊者子念须菩提，若斯成就深妙智慧菩萨之业，修平等行，以是相问。⑥

转女菩萨为度众女免于堕落而权现女身，为敷平等意于须菩提而巧化尊者子。是故，一切诸法，皆是幻化。男相女身只是持以化众的假名，于诸法性平等，何劳妄相分别，纷生歧视。与此经相同论法的是：

（二）《乐璎珞庄严方便品经》⑥

（三）《佛说阿阇贳王女阿术达菩萨经》

> 舍利弗白佛："是女何故不弃女人？"佛告舍利弗："若诸声闻谓此无愁忧是女人耶？若等不深入般若波罗蜜，不见人根观本迹，然便等视于所行，菩萨咨所乐喜以权道示现有男女，其限无所挂碍，欲度男女故。"无愁忧女欲决舍利弗之狐疑，现身立愿："使大众中悉见我是男子。"作是念已，即诸大众见无愁忧身为男子，不复见女人像。⑥

这是说明大乘者以男女身为菩萨度众之权道示现，虽有男女化相之别，然以平等心故，无所挂碍。而谴以小乘者不能深入般若波罗蜜，妄起分别，鄙视女性，生诸烦恼。类于此经者，复有：

（四）《大宝积经》卷九十九《无畏德菩萨会第三十二》

> 舍利弗言："世尊！此女能转女身不耶？"佛言："舍利弗！汝见彼女岂是女耶？汝今不应作如是见，

何以故？以是菩萨发愿力故，示现女身为度众生。"
于是无畏德女作是誓言："若一切法非男非女，令我
今者现丈夫身，令一切大众悉皆睹见。"说此语已，
即灭女身现丈夫身，升于虚空高七多罗树。⑥

如是，大乘经典以方便女身之出现，说明一切诸法
皆幻化生相，应离诸分别所起之相，无诸颠倒，于是一
切众生无烦恼炽灼，社会男女则可平等处之。

二、离女身法

前述四部经，是说菩萨以方便女身权巧化度众生，
使众生离诸妄想分别而行平等法。然而面对现实社会中
受内外诸苦压迫，厌恶女身的妇女，大乘者如何把握权
宜方便，以实践佛陀的平等精神呢？

憎恶女身爱乐男形之说，在原始经典即有记载，如
《中阿含经》卷第三十三《释问经》：

> 大仙人瞿毗释女是世尊弟子，亦从世尊修习梵
> 行，憎恶是女身爱乐男形。转女人身受男子形，舍
> 欲离欲，身坏命终，得生妙处三十三天，为我
> 作子。⑥

佛陀时代，为解决女性的厄遇，佛陀教导他们修习

梵行、离欲乐，从而对女身结习的反省以改造之。在大乘时期，亦不乏此方便法门之运用。例如：

（一）《佛说腹中女听经》

佛陀认为男女身皆是由自身行业所感，如有诸迦罗妇，希望闻佛说经，以得男子身。佛陀却说：

> "我亦不使汝作男子，亦不使汝作女人，皆自从身行得。"⑥⑦

既然如此，那么行何道可得男子身，而使妇女脱离诸苦呢？佛陀说：

> "有一事可疾得男子。何等为一？发心为菩萨道，是为一事。又女人身当内自观，譬如机关骨节相柱，但筋皮上。女人常畏人，譬如鸱枭蛇蚖虾蟆，不敢昼日出，常畏人。譬如婢使，常与恶露臭处俱，虽是国王女，犹复畏人，女人众恶亦复如是。"⑥⑧

印度妇女在当时备受歧视的社会风俗束缚下，不但无法一展所长，甚而造成妇女自卑自惭的心态。大乘者为提升妇女之形象，阐扬佛陀的平等精神，遂而鼓舞妇女应行菩萨道，并反省女身中之诸恶，以改造、强化本身。譬如树根深扎，除诸病害，则树木茁壮，枝叶自然繁茂。如此，妇女以懿德善行行之于世，日渐革除社会对女性的传统偏见，女性社会平等地位的建立，必然指日可待。其次：

(二)《佛说转女身经》⑥

(三)《大宝积经》卷第一百一十一《净信童女会第四十》⑦

这两部经都提出了离女身速成男子的种种善法，其中值得我们注意深省的是经中所说：

> 世尊！今此会中诸比丘、比丘尼、优婆塞、优婆夷愿乐欲闻修何善行，得离女身速成男子，能发无上菩提之心，惟愿世尊当为解说。尔时，世尊欲利益成就四部众故，告无垢光女言："若女人成就一法，得离女身速成男子。何谓为一？所谓深心求于菩提。所以者何？若有女人发菩提心，则是大善心，大丈夫心，大仙人心，非下人心，永离二乘狭劣之心，能破外道异论之心，于三世中最是胜心，能除烦恼不杂结习清净之心。若诸女人发菩提心，则更不杂女人诸结缚心，以不杂故，永离女身得成男子。"⑦

佛陀为成就利益四部众，受无垢光女之请，为说离女身速成男子之法。因此经中所揭示者乍看之下，似乎是仅止于佛陀对女众的警策，实则佛陀之意概括了男、女两众。所以虽是男子而不发菩提心，不去恶习，亦不能称为大丈夫。反之，虽是女子，若能善发菩提心，离诸恶习，即可称之为大丈夫，是真正的远离女身而成男子。

这些可说都是大乘佛教对佛陀的男女平等精神的活泼发挥。同时也是佛教面对现实，针对社会问题，采取以权为实解决社会问题的巧妙方法的运用。这是佛陀智慧的阐扬。

第三节　大乘菩萨和女性

在本章的第一、二节分别以大乘佛教经典所出现的女性成佛观和权巧方便，来阐释大乘佛教对佛陀平等精神的体现，以明示佛教对女性的平等观。本节将换个角度，从大乘菩萨和女性的关系，来说明大乘佛教对女性智慧、慈悲美德的确认，从而鼓励妇女发挥其智慧和慈悲美德，奉献于佛教，服务于社会。

大乘诸经中不乏菩萨和女性的有关记述，其中尤以文殊、善财与观世音菩萨，最足以说明本节的要旨，因而在本节中将引文逐一加以论述。

一、文殊师利与女性

文殊师利，唐译曼殊室利（Mañjuśrī），义译为溥首、濡首、软首、妙德、妙吉祥。在大乘佛教中，他是一位颇负盛名的大菩萨，所代表的是智慧，是"诸佛所叹，深入忍辱，行于空慧，无能逮者"[72]。

以文殊如此的卓越，而离意女、须摩提、离垢施三位女菩萨，都比文殊发心早，有的还是文殊的善知识。如：

（一）《诸佛要集经》，晋竺法护译，二卷

彼时世尊告善调菩萨：是离意女，本劝文殊令发道意。[73]

（二）《须摩提菩萨经》，晋竺法护译

佛语文殊师利："是须摩提，发无上平等度意等住已来，积不可计，先仁之前三十亿劫。仁乃于彼发无上平等度意，适甫乃入无所从生法忍，是仁本造发意时师。"文殊师利闻佛所说则前作礼，白须摩提言："唯别久远今乃遘侍，与师相见得受法诲。"[74]

（三）《离垢施女经》，晋竺法护译

佛言："是离垢施菩萨发无上正真道造行已来，八十百千阿僧祇劫，然后文殊师利乃发道意。女成佛时，复次如文殊师利。"⑦

又《诸佛要集经》说：文殊被天王佛移到铁围山去，文殊尽一切神力，不能使离意女出定。离垢施女难问乞食的八大菩萨、八大声闻，文殊是被难的八大菩萨之一。文殊与须摩提问答，而被责为："仁作是问，不如不问。"⑦文殊与庵提遮女问答，则被叹为："呜呼！真大德！不知真空义。"⑦

文殊和诸女菩萨的关系，显然可以发现女性在智慧与发心方面，有些非但不亚于男性，甚有过之，故以成佛之可能性而言，与男性并没有什么差别，如《清净毗尼方广经》说：

文殊师利言："善男子！一切世界皆悉平等，一切佛等，一切法等，一切众生等。我住于彼。……一切刹土，如虚空故等。诸佛法界，不思议故等。一切诸法，虚伪故等。一切众生，无我故等。"⑦

二、华严经的善知识和女性

《华严经》的《入法界品》，是以善财童子访问善知识为因缘，阐明菩萨行，一生精进而入普贤地。

善知识，于《华严经》第五十八卷中的定义如下：

（一）善知识者则为慈母，生佛家故；

（二）善知识者则为慈父，以无量事益众生故；

（三）善知识者则为养育守护，不为一切恶故；

（四）善知识者则为大师，教化令学菩萨戒故；

（五）善知识者则为导师，教化令至彼岸道故；

（六）善知识者则为良医，疗治一切烦恼患故；

（七）善知识者则为雪山，长养明净智慧药故；

（八）善知识者则为勇将，防护一切诸恐怖故；

（九）善知识者则为牢船，悉令越度生死海故；

（十）善知识者则为船师，令至一切智法宝洲故。⑦

总而言之，善知识是大因缘，是以种种方便法门化导众生，修学善法，向于佛道的大菩萨。

善财童子是发大心菩萨一生取办的模范，修学佛法的典型。其所一一参访，求授种种法门的善知识共有五十三位⑧，其中女性占有十一人，分别是：

比丘尼	一人	优婆夷	四人
童女	三人	夫人	一人
女人	二人		

这十一位女性所成就的是什么法门？如何能成为善

财童子的善知识，化导其发阿耨多罗三藐三菩提心，而得见佛呢？依"晋译本"《六十华严》所述，此十一位女善知识各有如下的非凡成就：

第一，休舍优婆夷：

休舍所证得的是"离忧安隐幢解脱门"，众生若能入其法门，见闻念知亲近休舍者，将不虚此生，更能于此法门中修得不退转处。休舍为拔济众生，发大宏愿精进不已，严净佛土，是一发大菩提心的精进菩萨。[81]

第二，弥多罗尼童女：

弥多罗尼所证得的法门是"般若波罗蜜普庄严法门"，其于此法门，正念思惟，生平等心，教化众生，作为众生的依靠，使他们登上觉悟的彼岸。[82]

第三，自在优婆夷：

自在优婆夷成就"无尽功德藏庄严法门"，其随心所欲以食施予众生，能令无量无数众生，乃至一切声闻缘觉菩萨，获其食而悉成道果。[83]

第四，不动优婆夷：

不动优婆夷成就"无坏法门"，于此法门观察一切法平等陀罗尼，显现无量自在神变。以其清净智慧光明，为众生演说微妙法，除灭一切众生烦恼，长养发起众生的善根。[84]

第五，师子奋迅比丘尼：

师子奋迅比丘尼成就"菩萨一切智底法门",此法门智光庄严，普照三世。其深解空性，以平等心为众生说般若波罗蜜，令众生皆得不退转处。⑧⑤

第六，婆须蜜多女：

婆须蜜多为一有深智慧淫女，其已成就"离欲实际清净法门"，以种种方便身，如"天女、人女、非人女"等度化众生，使亲近他的人，远离贪欲。⑧⑥

第七，释迦女瞿夷：

瞿夷所证得法门为"分别观察一切菩萨三昧海法门"，以此解脱法门指导众生出离恶道，使他们获得光明与解脱。⑧⑦

第八，摩耶夫人：

摩耶以"大愿智幻法门"为诸佛母，对于世间无所染着，供养诸佛常不休息，行菩萨道永不退转。⑧⑧

第九，天主光童女：

天主光所得为"无碍念清净庄严之菩萨解脱"，此童女精进不舍，供养诸佛如来，以净严解脱之力，奉持诸如来所说教法，恒无懈怠。⑧⑨

第十，贤胜优婆夷：

贤胜所证得的法门是"菩萨无依处道场解脱门"，于此法门中，贤胜将他所悟得的真理，不断地为人解说。同时，贤胜又得异于一般三昧法的无尽三昧，以此无尽三昧广为人说，利益无量无边的众生。[90]

第十一，有德童女：

有德所证得的法门是"菩萨幻住解脱门"，以此净智，观世间诸法皆为幻住，知幻境自性不可思议。[91]

从以上十一位女性善知识中，我们发现善财所参访的层面有一广泛的涵盖性、普遍性和平等性。上至王宫贵族，下至淫女，出家、在家，成人与孩童，种种不同身份的人尽囊于其中。在道器上他们均以成就各种利益众生法门，为世间善知识，弘扬大乘佛法。

善财童子的遍参善知识，指出了女性亦是世间大善知识。即使是般遮罗（Pañcala）国北界，那布罗城（Nāgapura）的王子善财[92]，为修习菩萨道，他的一切菩萨行——菩萨波罗蜜、菩萨地、菩萨忍、菩萨三昧门、菩萨神通智、菩萨回向、菩萨愿及菩萨成就佛法，都曾借助于女性善知识的引导。这正显示了女性的发心、智慧和慈悲不容忽视，同时也为大乘佛教的平等性做了一个最佳的脚注。

三、观世音菩萨的慈悲化现和女性

观世音（Avalokitêśvara，Avalokitêśvara），或译为观自在，是以大慈大悲救济苦难著名的菩萨。

观世音菩萨名字的出现，是在初期大乘经典中开始的。以净土系的经典而言，《佛说无量清净平等觉经》指出其能为人们解决痛苦[93]。空系的作品里亦经常出现他的名字，如《弥勒菩萨所问本愿经》[94]《佛说决定毗尼经》[95]《宝髻菩萨会》[96]《佛说如幻三昧经》[97]《郁迦罗越问菩萨行经》[98]《密迹金刚力士会》[99]《佛说维摩诘经》[100]。至于华严系里，则有《大方广佛华严经》[101]等。

实际上，观世音菩萨在初期大乘发展的一百五十年当中，未有经文提到他以女人身出现。即使在《正法华经》的第二十三《光世音普门品》里，也只是言及其为众生救苦。至于在其化身中，则无有女人身之记载。譬如：

> 若入大水、江河、駃流，心中恐怖，称光世音菩萨一心自归，则威神护令不见溺，使出安隐。……若有女人无有子姓，求男求女，归光世音辄得男女。……佛言："虽供养此无限菩萨，不如一归光世音。"[102]
>
> 佛言："族姓子！光世音菩萨所游世界，或现佛身而班宣法，或现菩萨形像色貌说经开化，或现缘觉或现声闻，或现梵天帝像而说经道，……复示现大神妙天像……将军像或现沙门梵志之像……或金

刚神、隐士独处仙人僮儒像。光世音菩萨游诸佛土而普示现若干种形，在所变化开度一切。"[103]

从这部分经文看来，西晋竺法护所译的《正法华经》，在论及观世音菩萨行菩萨方便法时，经文中的变化色身类别，并没有以女身出现的说法，而在对众生的救济方面，则提到了对女人的拔苦，即指对"女人无有子姓"的困难解决。因为在印度传统社会里，传宗接代是件非常重要的责任，子嗣对女人来说，是婚姻生活的保障。没有子姓的女人，将遭受"休妻"的不幸命运。

然于后来姚秦时代鸠摩罗什所译的《妙法莲华经》，不仅论及观世音菩萨对苦厄众生的解脱，也有其能转三十三种身，化现女人的说法。例如经文中说：

> 佛告无尽意菩萨："善男子！若有无量百千万亿众生，受诸苦恼，闻是观世音菩萨，一心称名，观世音菩萨实时观其音声，皆得解脱！……若有女人，设欲求男，礼拜供养观世音菩萨，便生福德智慧之男，设欲求女，便生端正有相之女。宿植德本，众人爱敬。"……佛告无尽意菩萨："善男子！若有国土众生，应以佛身得度者，观世音菩萨即现佛身而为说法。……应以比丘、比丘尼、优婆塞、优婆夷身得度者，即现比丘、比丘尼、优婆塞、优婆夷身

而为说法。应以长者、居士、宰官、婆罗门、妇女身得度者，即现妇女身而为说法。应以童男童女身得度者，即现童男童女身而为说法。"[104]

我们从观世音菩萨的发展历程来看，观世音菩萨最初并无救苦救难之说，到了净土系开始便有解决众生痛苦的记载，在《正法华经》里，已特别有对女人的救济。而鸠摩罗什所译的《妙法莲华经·观世音菩萨普门品》："若有女人，设欲求男，礼拜供养观世音菩萨，便生福德智慧之男，设欲求女，便生端正有相之女。宿植德本，众人爱敬。"这段经文显示了观世音不仅能为求子嗣者允愿，同时也标示了男性代表智慧，女性则是慈悲心的显现。

观世音菩萨，"应以何身而得度者，即现何身而为说法"。现种种身，说种种法，是观世音救世的方便。而在此三十三种方便化身中，有比丘尼、优婆夷、长者妇女、宰官妇女、居士妇女、婆罗门妇女和童女七种女身。此七种女相的示现，即是妇女慈悲德性的象征。

大悲，是观世音菩萨的特有美德，故被称为"大悲观世音"。在早期佛教中，大悲是佛所有的不共功德。佛的大悲如《根本说一切有部毗奈耶杂事》卷二说：

世尊法尔于一切时观察众生，无不闻见，无不知者。恒起大悲，饶益一切。……昼夜六时，常以佛眼观诸世间，于善根处，谁增谁减？谁遭苦厄？谁向恶趣？谁陷欲泥？谁能受化？作何方便拔济令出！[105]

《大乘庄严经论》卷一三说：

昼夜六时观，一切众生界。大悲具足故，利益我顶礼。[106]

佛的大悲，是六时（一切时）中观察世间众生：谁的善根成熟，谁遭到了苦难，于是用方便来救济。"大悲观世（间众生）"的，是佛的不共功德。普入八众，现身说法，也是佛的甚稀有法。所以大乘的观世音菩萨，现身说法，大悲救苦，与佛完全相同。因而观世音菩萨是继承世尊大悲观世的精神而成的。[107]

而今，大乘佛教以观世音为妇女慈悲美德的象征，这亦即说明了大乘佛教确信妇女具有佛一般的大悲精神。因而大乘佛教以观世音为对现实社会女性所遭遇的痛苦，给予精神上的解脱，并鼓励妇女发挥其慈悲的妇德，造福社会人群。

从本节所述，我们可获得一个结论：即大乘佛教对女性慈悲的特质是肯定的。面对现实环境中，妇女所遭遇的各种难题，大乘佛教给予的不是责难轻视，而是种种方便的化解和支援。

第四节　师子吼

在前一节大乘菩萨和女性的关系中，女性的发心、慈悲和智慧已然被肯定。以此女性的特质，对佛法的弘扬，女性是扮演如何的角色？这个角色对大乘佛教时代的女性又有何意义呢？这些问题在本节的论述中，将可获得解答。

一、女人为法师

从初期大乘佛法的宏传者而言，虽然多数是比丘，但是女性说法者也不乏其人。譬如，《道行般若波罗蜜经》卷四：

> 若善男子、善女人为法师者，月八日、十四日、十五日说法时，得功德不可复计！[108]

是经中明白地提出女性说法者的存在，亦即说明女性"法师"的被肯定。与此文相当的有《放光般若波罗蜜经》中的：

善男子、善女人为法师者，若月十四日、十五日说般若波罗蜜时，……所得功德不可复计！⑩

又《法华经》的《法师品》也说：

若善男子、善女人，于《法华经》乃至一句，受持、读诵、解说、书写、种种供养经卷，……是人一切世间所应瞻奉。⑩

另于《濡首菩萨无上清净分卫经》记载：

优婆夷，普现感动光明相像，显转无上阿惟越致法轮。⑩

大乘的发展至中期（约当公元五—六世纪的二百年间），女子大转法轮做师子吼的作品，纷然出现。

师子，印度称作呵梨。师子的身躯，较之其他兽类，如大象、骆驼、长颈鹿等，并非最大，然由于它生性威猛，能降伏其他诸兽，所以称为兽中之王。经中每称佛菩萨的说法为师子吼，这是因为诸佛菩萨说法时犹如师子吼，发挥了极大的力量，摧伏一切非法恶人。

师子吼，依演培法师于《胜鬘经讲记》的论述⑩，有以下三义：

（一）如行说：佛菩萨所说诸法，都是符合"言行一致"或"解行相应"。绝无虚假言说，更是剑及履及，所以能如师子吼般的无所怖畏。

（二）无畏说：师为兽中王，当它一声吼叫时，不特自在的无怖于百兽，且使百兽听了，无不惊怖。古德云："师子吼，无畏说，百兽闻之皆脑裂。"佛菩萨的演说法义，也是如此，任运自如。又如《维摩经》说："演法无畏，如师子吼。"

（三）决定说：亦名一向记说，就是坚决肯定，一向都是如此，对所说的绝不有所改变。即或应运方便而说，但中心思想还是这个。如师子渡河，不论该河是怎样的宽阔，总是依其本性，一往直前，向河的彼岸过去，绝不会改变主意，回过头来再向这边游。佛菩萨说法也是如此：依究竟理，说究竟教，若不究竟，而便不说。如《涅槃经》卷二十五说："师子吼者，名决定说。"一切众生悉有佛性，如来常住无有变易。又佛菩萨的说法，是能做到"邪无不摧，正无不显"，有如师子吼一般摧伏群兽。

如此三义所说，喻如师子吼，实含有深义。在大乘经典中出现喻女性说法为师子吼的作品有：

（一）《胜鬘师子吼一乘大方便方广经》，宋求那跋陀罗译。

胜鬘于此经中开显一乘大法，犹如师子吼般，发挥极大力量，特以师子吼，形容胜鬘所说的一乘大法。

（1）如行说：胜鬘能说能行，所以无所怖畏如师子吼。如经《十受章》，胜鬘在佛前说诚实誓言：

> 我受此十大受如说行者，以此誓故，于大众中，当雨天花，出天妙音。[113]说是语时，于虚空中，雨众天花，出妙声言："如是如是！如汝所说真实无异。"

（2）无畏说：胜鬘夫人亲在佛陀面前，对诸广大胜众，发挥无碍辩才，阐扬无上微妙正法，既无畏于闻法胜众，亦不惧于闻众质难。特别是胜鬘现于经中所说的一乘大法，更如师子吼般，令魔外胆战心惊，害怕不已。本经《一乘章》说：

> 说一乘道，如来四无畏成就师子吼说。[114]

（3）决定说：如本经中说："以师子吼，依于了义一向记说。"[115]胜鬘于佛前所演说，是说常住自性清净义，唯是究竟一乘的了义大法，能摧邪显正，因而以胜鬘的说法喻为师子吼。

（二）《阿阇贳王女阿术达菩萨经》，西晋竺法护译。

无愁忧女与舍利弗、须菩提、目犍连、大迦叶等诸大声闻，论辩空法。佛陀证女所演为师子吼。如：

舍利弗复问："女行欲何求乃作师子吼?"女答舍利弗："于所求无所求，有所求则不为师子吼，无所住止能作师子吼。"……弥勒菩萨白佛言："是旃檀香从何刹土来，至是间香乃如是。"佛语弥勒菩萨："女无愁忧与诸大声闻，共师子吼有此善瑞故。"⑩

(三)《长者女庵提遮师子吼了义经》，失译。

本经是叙述一婆罗门长者女庵提遮与文殊师利、舍利弗论辩空义，佛陀赞叹是女所说经法为师子吼。如：

佛告舍利弗："是女人非是凡也，已值无量诸佛，常能说如是师子吼了义经，利益无量众生。我亦自与是女人同事无量诸佛已。是女人不久当成正觉，是诸众中，于是女人所说法要，即能生实信者，皆已久闻是女人所说法故，今则能正信。是故应当谛受是师子吼了义经勿疑。"⑰

其他提及女人做师子吼的经典尚有：

(四)《大宝积经》卷第九十九《无畏德菩萨会第三十二》，元魏佛陀扇多译。⑱

(五)《顺权方便经》，西晋竺法护译。⑲

(六)《乐璎珞庄严方便品经》，姚秦昙摩耶舍译。⑳

以上六部记载女性做师子吼大转法轮的大乘作品，说明了大乘时期女性为法师的事实。这在佛法传持上，女性师子吼的角色，显发了妇女优异的能力。而佛法的披宣不分男女，更是大乘平等性的示现。

二、从女性说法看女权的发展

女性有如师子吼般的论辩说法，除了显示女人说法能力殊胜，能利益大众之外，在诸大乘作品的精彩论辩里，明示了大乘对印度传统的批驳讽刺，从而说明了大乘对女权发展的推动，以及女性地位提高的争取。

（一）对男尊女卑思想者的嘲弄：阿阇贳王女无愁忧，见诸比丘来，不起坐迎礼，王诃责是女不恭敬比丘。于是无愁忧作师子吼，力嘲诸小乘声闻。如经中说：

> 于时舍利弗、摩诃目犍连、摩诃迦叶、须菩提、邠耨、罗云、蠡越、安波史、忧波离、阿难，如是复异方不可计是辈大比丘僧不可计。……至王阿阇贳宫，……女无愁忧见此尊比丘，不转于父王正殿，今来于坐，不起不迎，不为作礼，亦不请令坐，亦不与分卫具。诸尊比丘亦默然观此女。是王阿阇贳见女无愁忧，不恭敬礼是尊比丘，王顾谓女："汝不知耶？……汝见何故于坐不起，默而视之？汝有何

异利，不礼此上尊。"女无愁忧白言："王曾见师子，当为小小禽兽作礼迎逆共坐不？"王答女言："不见。"⑫

无愁忧女见诸大比丘来乞食，"不起不迎，不为作礼，亦不请令坐，亦不与分卫具"。女以师子之异利，嘲诸大比丘为"小小禽兽"。女与诸比丘论义，扬大乘而抑声闻。大乘作品以女性贬抑诸声闻乘者，其意固在显扬大乘佛法之殊胜，同时也表明其对传统男尊女卑思想者的批驳与对女性地位之争取和尊重。

（二）妇女对传统制约束缚的要求解脱：庵提遮女，由夫家暂返侍省父母，适遇佛陀至其舍，受婆罗门长者的供养。但是庵提遮女为守事夫之禁戒，不能自由出来见佛。经中以此暗示了大乘佛教对女性传统束缚的力争解脱与自由的获取。

> 尔时如来即知长者有一女在室内未出，知其不出所由。若其出者利益无量大众，及诸天人。

这是隐喻了无论是大乘或女性，只要能从传统的束缚挣脱、走出，必能使佛教大放异彩，利益无量大众。于是，如来钵中故留残食，遣一化女将此余食，与彼室内女庵提遮。时化女人以偈告曰：

此是如来余，无上胜尊赐。

我当承佛教，愿仁清净受。

其女庵提遮，即以偈叹曰：

呜呼大慈悲，知我在室已。

今赐一味食，寻仰睹圣旨。

复以偈答彼化女曰：

我常念所思，大圣之所行。

未曾与汝异，何事不清净？

这正说明了大乘佛教对现实社会与僧团问题的重视和改革决心，因此，其女庵提遮以心念诵偈言：

我夫今何在，愿出见胜尊。

愿知我心净，速来得同闻。

……是女庵提遮见其夫已，心生欢喜，以偈叹曰：

呜呼大胜尊，今随济我愿。

不辞破小戒，恐当不同闻。

其夫见庵提遮说偈言已，即还以偈责曰：

> 呜呼汝大痴，不知善自宜。

> 劳圣赐余食，守戒竟何为？

时女庵提遮即随其夫往诣佛所。[122]

大乘佛教对传统制约的驳斥，以及对女性束缚解脱的力争由此可见。

（三）对戒律严格化的批驳：佛灭以来，僧团戒律日益严格化，尤其比丘僧（比丘尼律的集成者）对比丘尼的处理，在部派分裂以前是极严厉的。而在部派一再分化过程中（公元前二〇〇—前一〇〇年）显然已大为宽容。然在比丘尼律部的编集中，琐细的规章却越来越繁重。因此大乘经中以女性师子吼对戒律的批驳，未尝不是一革新的要求。

> 尔时尊者罗云问无愁忧女："乃作是解，晓了众要总持智慧，何故自坐金床秽浊，无谦卑恭敬之心？自处高床，与大比丘难说经法，吾曾闻佛说：'人无疾病不得处高床及卧听而说经法。'"女报尊者罗云："宁知世间以何为净？何等不净？"罗云报女言："世间有持戒信受不犯者是则为净，若有犯者则为不净。"女报罗云："且止！未晓未了，所以者何？罗云！持戒信受不犯者是则不净，其犯戒者是为净。"……尔时王阿阇贳告女无愁忧："汝不知耶？

尊者罗云是遮迦越王种尊第一，信用道德，故少小弃家行作沙门，弃遮迦越国，是佛释迦文子，持戒第一，汝云何反轻戏不以礼敬。"女白王："止！莫说是语！宁可以神丹之珠比之于水精。"⑫

从上述三点可知，大乘时代（尤其是笈多王朝时代）女权的发展正向着突破传统社会束缚的道路前进，女性的地位也逐渐提高，如李志夫译《印度通史》中之叙述：

> 此时期的印度妇女，尤其是上流社会的妇女，已经担任了国家的政务工作，笈多王朝时代的王后，在社会上的地位即已相当崇高，以后的时代如克什米尔、奥瑞沙以及安德那（Andhra）等国都有王后当政证明。根据中国的学者所记，有一位公主曾襄助她的哥哥负责政府的政务工作。有些省份，尤其是坎纳瑞斯（Kanares）国，妇女往往可为省督、村长等职，妇女不抛头露面的习惯已愈来愈少了。在德干的王室妇女不仅是精于音乐、舞蹈，而且公开表演艺术才能，这是其当代碑铭中都有记载的。在北印度之罗阇西尼（Rajyasri）公主，坐在他兄长的后面，聆听中国的佛教律师玄奘宣说大乘教义。此一事实，不仅显示了有些家庭妇女并非绝对不准公开露面，而且，有些女孩子，至少上层社会的妇

女，是接受多方面教育，从事文化方面活动的。[124]

综观本节女性之师子吼，是女性荷担如来家业的卓越能力的一再被确认，又女性师子吼的论辩亦展示了大乘女权的发展，而大乘的男女平等之女性观亦于此显露无遗。

第五节　结论

佛法是平等法，对于男女问题，可说是超越了男女执着。从大乘佛教的女性观而言，是男女平等的。男女平等，于事于理是圆融无碍的，关键在于如何求其实现，如此经典中便有了种种的权宜法门出现，如方便女身、离女身法、往生净土等。

佛法认为在名义上、形式上要求男女平等是不可能的。因为名义为假，男子女人依佛法来说，都是因缘和合的假名，而无实在性可得。不过当其男性增上时，就假名为男子；当其女性增上时，就假名为女人。至于形式则是可变的，例如男变女、女变男，以现代科技昌明的医术而言，已非难事。尤其现代科学更为佛法作了有力的佐证：男性体内有女性的荷尔蒙，女性体中亦有男性的荷尔蒙。女性的荷尔蒙多了，则表现女性的习气，反之则表现为男性的习气。这现象说明了没有绝对的男人相，亦无绝对的女人相。

因此，佛法所说的平等，是在实质上求平等，而不是名义、形式上的平等。例如，男子可以弘法度众，女子亦可大转法轮作师子吼。男子可以修行办道，女子的发心、智慧亦可了生脱死成佛作祖。唯有于此力求其平等，才是平等的真义所在，而此即大乘佛教女性观所欲达致之目的。至于菩萨行者或现男相或现女相，完全是为度化众生的方便示现。菩萨的慈悲象征了佛教妇女的美德懿行，因此大乘佛教的女性观是极富平等性、发展性的，是佛陀"无缘大慈，同体大悲"的伟大精神的发挥！

注释

①四谛、八正道与十二缘起等佛教教理。

②《金刚般若波罗蜜经》（大正八·七四九上）。

③《维摩诘所说经》（大正一四·五四八中、下）。

④同注③。

⑤《佛说阿阇贳王女阿术达菩萨经》（大正一二·八八下）。

舍利弗白佛："是女何故不弃女人？"佛告舍利弗："若诸声闻谓此无愁忧是女人耶？若等不深入般若波罗

蜜，不见人根观本迹，然便等视于所行，菩萨咨所乐喜以权道示现有男女，其限无所挂碍，欲度男女故。"无愁忧女欲决舍利弗之狐疑，现身立愿："使大众中悉见我是男子。"作是念已，即诸大众见无愁忧身为男子，不复见女人像。无愁忧于时踊在虚空中，去地七十丈住止空中。佛告舍利弗："见是无愁忧为男子踊在虚空中，去地七十丈，若见不？"舍利弗白佛言："唯然已见。"佛告舍利弗："是无愁忧却后七百阿僧祇劫当作佛。"

⑥《佛说月上女经》（大正一四·六二〇中）。

尔时不空见菩萨告月上女作如是言："如是，月上。既不可以女身成佛，汝今何故不转女身？"其女答言："善男子！夫空体者，无回无转，一切诸法亦复如是。云何令我而转女身？"

⑦《佛说大净法门经》（大正一七·八一八下）。

道亦无主，则无吾我亦无所受。……又计眼者，无男子法，无女人法。已解了道，无男女法，无男无女则为道矣。耳鼻口身意，亦无男法亦无女法，道亦如是无男无女。……故说此言：汝则为道。复次，大姊！其己身者则无吾我，无我无人、无寿、无命、无形、无意……无知。道亦无人、无寿、无命、无男、无女、无身、无造亦无所见。

⑧《大庄严法门经》（大正一七·八二七上）。

菩提亦无主者、无取者，眼中无男法女法，亦非男非女，如是菩提中无男法女法，亦非男非女。耳鼻舌身意中无男法女法，耳鼻舌身意亦非男非女，如是菩提中无男法女法，菩提亦非男非女。

⑨《宝女所问经》（大正一三·四六〇中）。

斯宝女者于维卫佛，初发无上正真道意。时舍利弗问世尊曰："以何罪盖受女人身？"佛告舍利弗："菩萨大士！不以罪盖受女身也。所以者何？菩萨大士以慧神通善权方便圣明之故，现女人身开化群黎。于舍利弗意趣云何？斯宝女者为女人乎？莫造斯观，承圣通力而有所变，则真菩萨也。当造斯观，无男子法无女人法，具足一切诸法之要。"

⑩《佛说无垢贤女经》（大正一四·九一四上）。

时女报言："卿为罗汉，我志菩萨。卿非我类，所愿不同。"天帝复言："我以女身裸露可恶，是以持衣用相与耳。"女复报言："于大乘法无男无女。"

⑪《佛说须摩提菩萨经》（大正一二·八〇中、下）。

文殊师利问言："云何不转女人身？"须摩提报言："于是无所得，所以者何？法无男无女，今者我当断仁所疑。"文殊师利言："善哉！乐欲闻之。"须摩提谓文殊师利言："如今我后不久亦当逮得如来无所著等正觉成慧行，如是审谛，我今便当变为男子。"适作语，即成男子，头发即堕。

⑫《顺权方便经》(大正一四·九二七中)。

尔时贤者须菩提,问其女曰:"姊以何所善权方便而不弃舍一切众生,随时之宜,悉开化之。"……须菩提问:"今姊何故女人之像,化众女人乎?"于彼世时,转女菩萨现女人像,须臾一时,由十二年现其像貌为尊者子,清净衣被,着男子服,问须菩提:"仁为凡夫,学从致乎?"须菩提答曰:"吾非学也,亦非凡夫。"其女报曰:"如是如是!唯须菩提,我无所持。"

⑬《佛说离垢施女经》(大正一二·九六下)。

时大目连问:"离垢施!汝族姓子建立于慧,发无上正真道意以来久远,何以不转于女人身?"离垢答曰:"世尊叹仁神足最尊,卿何以故不转男子?"目连默然。离垢施曰:"不以女身及男子形逮成正觉,所以者何?道无所起,无有能成无上正觉。"

⑭《大方等无想经》(大正一二·一一〇六下——一一〇七上)。

尔时大云密藏菩萨复从座起,……"惟愿如来说是天女,……何时当得转此女身?""善男子!汝今不应问转女身。是天女者,常于无量阿僧祇劫为众生故现受女身。当知乃方便之身,非实女身。云何当言何时当得转此女身?善男子!菩萨摩诃萨住是三昧,其身自在能作种种随宜方便，虽受女像心无贪着，欲结不污。"

⑮《佛说长者法志妻经》（大正一四·九四五上—中）。

菩萨自庄严心计大乘，无男无女犹如幻化。画师所作随意辄成，晓了空慧一切本净。……女闻佛教心开踊跃，即发无上正真道意，立不退转地。时天帝释来在佛后，谓女言曰："佛道难得，不如求转女为男，日月天帝转轮圣王。"于是女以偈颂曰："……五阴如幻化，三界由己作，三世以平等，道心无等侣，谛解作是了，谁男何所女？天帝闻斯言，默然无所语。"

⑯《佛说长者女庵提遮师子吼了义经》（大正一四·九六四中）。

时舍利弗复问其女曰："汝之智慧辩才若此，佛所称叹，我等声闻之所不及。云何不能离是女身色相？……"其女答曰："我欲问大德，即随意答我。大德！今现是男不？"舍利弗言："我虽色是男，而心非男也。"其女言："大德！我亦如是。如大德所言，虽在女相其心即非女也。"舍利弗言："汝今现为夫所拘执，何能如此？"其女答曰："大德！能自信己之所言不？"舍利弗言："我之自信，云何不自信？"其女答曰："若自信者，大德前言说我色是男而心非男者，即心与色有所二用也。若大德自信此言者，于我所不生有夫之恶见。大德自男，故生我女相，以我女色故，坏大德心也。而自男见彼女者，则不能于法生实信也。"

⑰《首楞严三昧经》（大正一五·六三五上）。

尔时坚意菩萨问瞿域天子言："行何功德转女人身？"答言："善男子！发大乘者，不见男女而有别异，所以者何？萨婆若，心不在三界，有分别故有男有女。仁者所问行何功德转女人身，昔事菩萨心无谄曲。云何而事？"……问言："云何转女人身？"答言："如成。"问言："云何如成？"答言："如转。"问言："天子此语何义？"答言："善男子！一切诸法中不成不转。诸法一味，谓法性味。善男子！我随所愿有女人身。若使我身得成男子，于女身相不坏不舍。善男子！是故当知，是男是女俱为颠倒，一切诸法及与颠倒，悉皆毕竟离于二相。"

⑱《诸佛要集经》（大正一七·七六八中—下）。

文殊师利问其女（离意）曰："于今何故不转女身？"其女答曰："文殊！且止！勿怀妄想。仁有意观，达诸法者，有男女乎？"答曰："无也。""受、想、行、识有男女乎？"答曰："无也。""地、水、火、风有男女乎？"答曰："无也。""虚空旷然，无有边际，不见处所，有男女乎？"答曰："无也。"又问文殊："所说文字本末有处，所得男女乎？"答曰："无也。"其女报曰："向者何故而发此言：'于今何故不转女身？'假使我已自得女处见于男女，则舍女像当受男形。我不得女，不得男子，何因舍女成男子形？计于诸法无合、无散、无本、本际空静，虚空无合无散，一切诸法悉如虚空，当以何因转于女像成男子乎！所以者何？是为如来之所颁宣第一教法。"

⑲见⑰。

⑳见⑮。

㉑见⑥。

㉒见⑯。

㉓见⑬。

㉔见⑰。

㉕见⑱。

㉖见⑤。

㉗见⑨。

㉘见⑭。

㉙《妙慧童女会》（大正一一·五四八下—五四九上）。

㉚《大般涅槃经》卷二十七（大正一二·五二四下）。

㉛《大方广圆觉修多罗了义经》（大正一七·九一五上）。

㉜《妙法莲华经》（大正九·三五中）。

㉝同㉜（大正九·三五下）。

㉞同㉝。

㉟《佛说超日明三昧经》（大正一五·五四〇上—中）。

㊱同㉟（大正一五·五四一中）。

㊲同㉟（大正一五·五四二上）。

㊳《佛说超日明三昧经》卷下（大正一五·五四二上）。

㊴《佛说海龙王经》卷三《女宝锦受决品第十四》（大正一五·一四九中）。

㊵同㊴（大正一五·一四九下）。

㊶同㊴（大正一五·一五〇中—下）。

㊷《胜鬘夫人会第四十八》（大正一一·六七三上、中）。

㊸《胜鬘师子吼一乘大方便方广经》（大正一二·二二〇下）。

㊹《大方等无想经》（大正一二·一一〇七上）。

㊺《大方等无想经》卷第四（大正一二·一〇九八上）。

㊻《杂阿含经》卷第十一（大正二·七三下—七五下）。

㊼《妙法莲华经》卷第四（大正九·三四下—三五上）。

㊽同㊼（大正九·三六上）。

㊾《佛说须摩提菩萨经》(大正一二·八一上—中)。

(50)《佛说阿阇贳王女阿术达菩萨经》(大正一二·八九上)。

(51)《女宝锦受决品第十四》（大正一五·一四九中—一五〇下)。

(52)《胜鬘夫人会第四十八》（大正一一·六七二下—六七三中)。

(53)同㊼（大正九·三五下)。

(54)《初期大乘佛教的起源与开展》，印顺法师，八〇七页，台北正闻出版社，一九八二年。

(55)《阿閦佛国经》卷上（大正一一·七五五下—七五六上)。

(56)同(55)（大正一一·七五六上—中)。

(57)同(55)（大正一一·七五六中)。

(58)《无量寿经》(大正一二·二六八)。

(59)《药师如来本愿功德经》(大正一四·四〇五)。

(60)《观无量寿佛经》(大正一二·三四〇下—三四六中)。

(61)《顺权方便经》卷下（大正一四·九二七中)。

(62)同(61)。

(63)《乐璎珞庄严方便品经》(大正一四·九三〇下—

九三九中）。

(64)《佛说阿阇贳王女阿术达菩萨经》（大正一二·八八下）。

(65)《大宝积经》卷九十九《无畏德菩萨会第三十二》（大正一一·五五〇中—五五五下）。

(66)《中阿含经》卷第三十三《释问经》（大正一·六三四中）。

(67)《佛说腹中女听经》（大正一四·九一四下）。

(68)同(67)。

(69)《佛说转女身经》（大正一四·九一八下—九二〇下）。

(70)《大宝积经》卷第一百一十一《净信童女会第四十》（大正一一·六二六）。

(71)同(69)（大正一四·九一八下）。

(72)《诸佛要集经》卷下（大正一七·七六三上）。

(73)《诸佛要集经》卷下（大正一七·七六九下）。

(74)《须摩提菩萨经》（大正一二·七八上）。

(75)《离垢施女经》（大正一二·九六下）。

(76)《须摩提菩萨经》（大正一二·七七下）。

(77)《长者女庵提遮师子吼了义经》（大正一四·九六四上）。

(78)《清净毗尼方广经》（大正二四·一〇八〇中—

下）。

(79)《大方广佛华严经》卷第五十八（大正九·七六九上）。

(80)善财参访的善知识，晋译本、唐译本及四十卷本，人数与次第，都是一致的。不过晚出的四十卷本末，附有乌荼（Oḍra）国王奉献《华严经》书，明说五十五圣者善知识。一般传说为五十三参，那是省去了再见文殊师利的第二次，以及推介善知识而没有说法的遍友（Visvāmitra）。梵本经名Ca. n. da vyuha，在《普贤行愿赞》末，列举五十二位善知识，那是没有第十七位普眼（Samantanetra）长者，合有德（Śrimatī）童女与德生（Srīsambhava）童子为一，及省去文殊的第二次。

见印顺法师，《初期大乘佛教之起源与开展》，一一二一页，台北正闻出版社，一九八二年。

(81)《大方广佛华严经》卷第四十七（大正九·六九八中—下）。

(82)《大方广佛华严经》卷第四十八（大正九·七〇二）。

(83)见(82)（大正九·七〇五）。

(84)《大方广佛华严经》卷第四十九（大正九·七一一—七一二上）。

(85)《大方广佛华严经》卷第五十（大正九·七一

五—七一六中）。

⑧⑥见⑧⑤（大正九·七一六下—七一七中）。

⑧⑦《大方广佛华严经》卷第五十六（大正九·七五五中—七五六下）。

⑧⑧《大方广佛华严经》卷第五十七（大正九·七六一下—七六五上）。

⑧⑨见⑧⑧（大正九·七六五上—中）。

⑨⑩见⑧⑧（大正九·七六六中—下）。

⑨①见⑧⑧（大正九·七六七中）。

⑨②《根本说一切有部毗奈耶药事》卷一三——四（大正二四·五九中—六四下）。

⑨③《佛说无量清净平等觉经》（大正一二·二九〇）。

⑨④《弥勒菩萨所问本愿经》（大正一二·一八六）。

⑨⑤《佛说决定毗尼经》（大正一二·三七）。

⑨⑥《宝髻菩萨会》（大正一一·六五七中）。

⑨⑦《佛说如幻三昧经》（大正一二·三五七）。

⑨⑧《郁迦罗越问菩萨行经》（大正一二·二三）。

⑨⑨《密迹金刚力士会》（大正一一·四二）。

⑩⑩《佛说维摩诘经》（大正一四·五一九）。

⑩①《大方广佛华严经》（大正九·七一八下，大正一〇·三六六下）。

⑩②《正法华经》（大正九·一二八下）。

⑩《正法华经》(大正九·一二九)。

⑩《妙法莲华经》(大正九·五六下—五七中)。

⑩《根本说一切有部毗奈耶杂事》卷二（大正二四·二一一中）。

⑩《大乘庄严经论》卷十三（大正三一·六六一上）。

⑩《初期大乘佛教之起源与开展》，印顺法师，四八八—四八九页，台北正闻出版社，一九八二年。

⑩《道行般若波罗蜜经》卷四（大正八·四四三下）。

⑩《放光般若波罗蜜经》(大正八·六七中)。

⑪《妙法莲华经》卷四（大正九·三〇下）。

⑪《濡首菩萨无上清净分卫经》卷下（大正八·七四七中、七四八上）。

⑪《胜鬘经讲记》，演培法师，二六—二八页，台北正闻出版社，一九八四年。

⑪《胜鬘师子吼一乘大方便方广经》(大正一二·二一七中—下)。

⑪见⑪（大正一二·二二一上）。

⑪见⑪（大正一二·二二〇下）。

⑪《阿阇贳王女阿术达菩萨经》(大正一二·八五下—八六中)。

⑪⑦《长者女庵提遮师子吼了义经》(大正一四·九六四下)。

⑪⑧《大宝积经》卷第九十九《无畏德菩萨会第三十二》(大正一一·五五二中),本经内容与《阿阇贳王女阿术达菩萨经》类同。

⑪⑨《顺权方便经》(大正一四·九二四上)。

⑫⓪同㊿。

⑫①同⑪⑯(大正一二·八四)。

⑫②见⑪⑦(大正一四·九六三中—下)。

⑫③见⑪⑯(大正一二·八七中—八八上)。

⑫④《印度通史》,R.C. Majumdar, H.C. Raychaudhuri. Kalikinkar Datta 合著,李志夫译,三〇九页,台北"国立编译馆",一九八一年。

第六章　结论

第一节　平等性的佛教女性观

十九世纪中叶，男女平等的思想，在西方文明社会似已成为一般趋势，殊不知远在二千五百多年前，印度之释迦牟尼佛业已疾呼男女平等。妇女被允许加入僧团时起，佛教妇女即已获得了平等自由权！

吠陀时代以降，印度妇女处于不平等的社会，无论是生活条件、婚姻、教育、前途之发展等，都备受歧视，而这些情况，却也一时无法立即而有效地获得改善。佛陀感于印度社会妇女之有待救济，不忍女性终古长夜，因而倡导适应时代的方便教法，寓平等真义于其中，俾逐渐加以格化，提高女性地位，以畅达尽正觉的本怀。例如：

（一）普及女性教育

（1）为妇女说法不分贵贱贫富；

（2）纠举女身种种之过患，引导妇女自身的觉醒；

（3）僧团中比丘尼之教诫，生活教育之规范。

这些做法都使妇女在人格及知识上获得了提升的机会。

（二）婚姻的和谐

（1）夫妇彼此互敬互爱；

（2）男女彼此尊重，遵守相同的道德标准。

（三）女性智慧的肯定

佛陀认为男女的智慧是平等的，皆可证果成佛。因而允许妇女加入僧团，打破当时印度宗教界不许女性出家的铁则，是佛陀保障妇女，倡导女权的决心与证明。

以小乘佛教而言，似有排斥女性之说，但不妨视之为佛教的权宜之说，非究竟之谈。所以大乘《法华经》，称小乘为"譬喻化城"①，亦即小乘只是方便假设的化城，而非目的之处，真正欲至之所是男女均能证得的佛乘。因此大乘说修功德、智慧，男女是一致的。如《宝积经》中的《胜鬘会》《妙慧童女会》②《恒河上优婆夷会》③等，《大集经》中的《宝女品》，《华严经》中善财童子参访的善知识中有休舍优婆夷、师子奋迅比丘尼、淫女……以及《法华经》的龙女、《维摩诘经》的天女等，在在都显示了大乘佛教中的女性，是与男众平等的。其次，立于大乘佛法的平等上说，男女都应荷担佛法，如胜鬘夫人说法，即开显了男女平等的真义。又大乘佛教对妇女问题也倍加关注，为使妇女身心获得解脱，于是有种种净土学说之提出。观世音菩萨救苦救难慈悲思想的敷演，更是妇女慈悲美德的象征与鼓励。

第二节　今日台湾佛教女性概况及应有的体认与实践

台湾的佛教界，女众一向活跃，人数约占全部信众三分之二强。女众可以出家为比丘尼，接受教育，自由建寺，可以讲经说法，传戒为师。其地位和男众比丘一样，可以收徒收孙，经营经忏香火，尤其女众道场的法会，参加的信徒远比男众道场的还多。有些寺里，女众的地位甚至远超过男众。以信女而言，多数是护持佛法，恭敬三宝，弘扬佛教的。例如，张清扬居士，护持佛教，不遗余力，曾抢救僧伽于囹圄之中，大作师子吼于混沌乱世，是台湾佛教开拓初期的护法长城。叶曼居士，在一九八五年召开的佛教徒友谊会，以卓越的表现，赢得各国代表的赞赏，当选了该会的副主席，为佛教做了极为成功的联谊。

现代佛教的兴扬与发展，妇女扮演了推舟掌舵的重要角色，对佛教的护持弘宣有着巨大的贡献。妇女和佛教关系是密切的，因而妇女本于佛法平等的体认与实践，应发扬下列女性的特质，为家庭、社会的和谐，佛教的发展，继续奉献一分心力。

（一）端正心行以持家

妇女之所以为人爱敬，在于心行的端正，而非仅于形貌的姣好。因此妇女应重新诠释《六方礼经》《玉耶女经》，使适合现代化的社会，以贤淑的妇德使家庭和乐，培养菩提幼苗，匡正社会风气，提升妇女品格。

（二）以慈悲服务社会

妇女之道，慈悲为首。观世音菩萨现女相，就是以慈悲为女性的象征德性。佛教妇女除健全家庭外，更应该发挥慈悲的特质，参与社会各种善事义举，热心从事施诊、育幼、养老等慈善工作，造福社会人群。

（三）以智慧弘法利生

佛教妇女人才辈出，妇女们应充分运用智慧，从事教育，培养菩提幼苗，发展佛教文化扎根事业，著书立说，大作师子吼，宣扬佛法。甚或接受专业训练，透过各种途径，撒布佛教种子于各地，以今日的辛劳播种，孕育明日佛教苗壮、丰硕的成果。

本着佛教平等的特性，今日佛教的女性应循着前人轨范，在现代佛教史上留下划时代的一笔！

注释

①《妙法莲华经》(大正九·二二—二七中)。

②《妙慧童女会》(大正一一·五四七中—五四九中)。

③《恒河上优婆夷会》(大正一一·五四九中—五五〇中)。

参考资料

中文部分

一、专书

（一）《大正新修大藏经》，台北新文丰出版公司影印，一九八三年。

1.《长阿含经》 第一册

（1）《大本经》（一）

（2）《游行经》（二—四）

（3）《小缘经》（六）

（4）《弊宿经》（七）

（5）《善生经》（一一）

（6）《阿摩昼经》（一三）

（7）《究罗檀头经》（一五）

2.《七佛经》　　　　　　　　　　　　第一册

3.《七佛父母姓字经》　　　　　　　　第一册

4.《佛般泥洹经》　　　　　　　　　　第一册

5.《大般涅槃经》　　　　　　　　　　第一册

6.《大坚固婆罗门缘起经》　　　　　　第一册

7.《白衣金幢二婆罗门缘起经》　　　　第一册

8.《尸迦罗越六方礼经》　　　　　　　第一册

9.《善生子经》　　　　　　　　　　　第一册

10.《中阿含经》　　　　　　　　　　　第一册

（1）《瞿昙弥经》（二八）

（2）《善生经》（三三）

（3）《雨势经》（三五）

（4）《爵瘦歌逻经》（三七）

（5）《法乐比丘尼经》（五八）

（6）《释问经》（三三）

11.《恒水经》　　　　　　　　　　　　第一册

12.《法海经》　　　　　　　　　　　　第一册

13.《海八德经》　　　　　　　　　　　第一册

14.《瞿昙弥记果经》　　　　　　　　　第一册

15.《梵志颇波罗延问种尊经》　　　　　第一册

65.《佛说月上女经》　　　　　　　　第十四册

66.《无所有菩萨经》　　　　　　　　第十四册

67.《佛说摩邓女经》　　　　　　　　第十四册

68.《佛说摩登女解形中六事经》　　　第十四册

69.《佛说龙施女经》　　　　　　　　第十四册

70.《佛说无垢贤女经》　　　　　　　第十四册

71.《佛说腹中女听经》　　　　　　　第十四册

72.《佛说转女身经》　　　　　　　　第十四册

73.《顺权方便经》　　　　　　　　　第十四册

74.《乐璎珞庄严方便品经》　　　　　第十四册

75.《佛说梵志女首意经》　　　　　　第十四册

76.《有德女所问大乘经》　　　　　　第十四册

77.《佛说长者法志妻经》　　　　　　第十四册

78.《佛说坚固女经》　　　　　　　　第十四册

79.《佛说长者女庵提遮师子吼了义经》　第十四册

80.《佛说海龙王经》　　　　　　　　第十五册

81.《佛说超日明三昧经》　　　　　　第十五册

82.《佛说首楞严三昧经》　　　　　　第十五册

83.《诸佛要集经》　　　　　　　　　第十七册

84.《佛说大净法门经》　　　　　　　第十七册

85.《大庄严法门经》　　　　　　　　第十七册

86.《大方广圆觉修多罗了义经》　　　第十七册

87.《摩登伽经》 第二一册

88.《弥沙塞部和醯五分律》 第二二册

89.《摩诃僧祇律》 第二二册

90.《四分律》 第二二册

91.《昙无德律部杂羯磨》 第二二册

92.《十诵律》 第二三册

92.《根本说一切有部毗奈耶药事》 第二四册

93.《根本说一切有部毗奈耶破僧事》 第二四册

94.《根本说一切有部毗奈耶杂事》 第二四册

95.《根本说一切有部百一羯磨》 第二四册

96.《解脱戒经》 第二四册

97.《律二十二明了论》 第二四册

98.《善见律毗婆沙》 第二四册

100.《毗尼母经》 第二四册

101.《大爱道比丘尼经》 第二四册

102.《优婆塞戒经》 第二四册

103.《清净毗尼方广经》 第二四册

104.《阿毗达磨大毗婆沙论》 第二七册

105.《大乘庄严经论》 第二七册

106.《释迦谱》 第五十册

107.《佛光大藏经》，佛光大藏经编修委员会，高雄佛光出版社。

（1）《杂阿含藏》一九八三年

（2）《中阿含藏》一九八四年

（3）《长阿含藏》一九八五年

108.《维摩经讲话》，竺摩法师，高雄佛教文化服务处，一九七〇年。

109.《维摩大士化迹因缘》，赵亮杰，台北慧炬出版社，一九七三年。

110.《原始佛教思想论》，木村泰贤著，欧阳瀚存译，台北台湾商务出版，一九七四年。

111.《印度佛教史概说》，达和法师，高雄佛光出版社，一九七七年。

112.《原始佛教圣典之集成》，印顺法师，台北慧日讲堂，一九七八年。

113.《佛学研究方法》，张曼涛编，台北大乘文化出版社，一九七八年。

114.《印度佛教史论》，张曼涛编，台北大乘文化出版社，一九七八年。

115.《原始佛教研究》，张曼涛编，台北大乘文化出版社，一九七八年。

116.《小乘佛教思想论》，木村泰贤著，演培法师译，台北慧日讲堂，一九七八年。

117.《大乘佛教思想论》，木村泰贤著，演培法师译，台北慧日讲堂，一九七八年。

118.《大藏会阅》，会性法师，台北天华出版社，一九七八年。

119.《海天游踪》，星云法师，高雄佛光出版社，一九七九年。

120.《观世音菩萨普门品讲话》，星云法师，高雄佛光出版社，一九七九年。

121.《印度佛教概述》，张曼涛编，台北大乘文化出版社，一九七九年。

122.《印度通史》，R. C. Macjumdar，H. C. Raychaudhuri，Kalikinkar Datta 合著，李志夫译，台北"国立编译馆"，一九八一年。

123.《佛典菁华录》，蔡淡庐编，台北天华出版社，一九八一年。

124.《初期大乘佛教之起源与开展》，印顺法师，台北正闻出版社，一九八三年。

125.《印度佛学思想概论》，吕澂，台北天华出版社，一九八三年。

126.《星云大师演讲集》（二），星云法师，高雄佛光出版社，一九八二年。

127.《原始佛教》，水野弘元著，郭忠生译，台中菩提树杂志社，一九八二年。

128.《妙法莲华经句解》，闻达法师，台北华严莲社，一九八二年。

129.《药师经讲记》，印顺法师，台北正闻出版社，一九八三年。

130.《印度哲学宗教史》，高楠顺次郎、木村泰贤合著，高观庐译，台北商务印书馆，一九八三年。

131.《药师经讲记》，演培法师，台北正闻出版社，一九八三年。

132.《胜鬘经讲记》，演培法师，台北正闻出版社，一九八四年。

133.《南传大藏经题解》，蓝吉富主编，台北华宇出版社，一九八四年。

134.《印度之佛教》，印顺法师，台北正闻出版社，一九八五年。

135.《维摩诘所说经》，圆香，台北无漏室印经组，一九八五年。

二、期刊

1.《海潮音》，第四六卷，三月号，台北海潮音杂志社，一九六五年。

2.《普门杂志》，第七卷，第六期，三月号，高雄佛光出版社，一九八六年。

三、工具书

1.《佛学大辞典》，丁福保编，台北台湾印经处，一九七四年。

2.《修订新版大藏经总目录》，丁福保编，台北新文丰出版公司，一九八三年。

3.《大正新修大藏经索引》，台北新文丰出版公司影印。

4.《法宝总目录》，高楠顺次郎编，台北新文丰公司影印，昭和四年。

5.《词汇》，陆师成编，台北文化图书公司，一九八五年。

四、其他

1.《从佛教思想史上转身论的发展看观世音菩萨在中国造像史上转男像成女像的由来》，古正美，东吴大学历史学系主办中国艺术史研讨会，影印手稿，一九八六年五月。

日文部分

一、专书

1.《南传大藏经》，高楠博士功绩纪念会纂译，东京大正新修大藏经刊行会。

（1）《弊宿经》（第七卷）　长部经典二　昭和四十五年。

（2）《长老尼偈》（第二七卷）　小部经典三　昭和四十六年。

（3）《比丘尼相应》（第一二卷）　相应部经典一　昭和四十六年。

（4）《长老尼の譬喻》（第二七卷）　小部经典五　昭和四十七年。

（5）《善生女本生物语》（第三一卷）　小部经典九　昭和四十七年。

2.《印度学佛教学研究》，东京：印度学佛教学会。

（1）《女人成佛と男女平等》，春日礼智，第一五卷一号，昭和四十一年。

（2）《大智度论の女性観》，大鹿实秋，第一九卷二号，昭和四十六年。

（3）《仏教の女性観》，香川孝雄，第二三卷二号，昭和五十年。

（4）《竜树の女性観》，永田瑞，第二三卷二号，昭和五十年。

（5）《女人为戒垢》，永田瑞，第二六卷一号，昭和五十二年。

（6）《変成男子考》，龙村龙平，第二六卷二号，昭和五十三年。

（7）《続変成男子考》，龙村龙平，第二七卷二号，昭和五十四年。

（8）《大智度论の母性観》，永田瑞，第二九卷二号，昭和五十五年。

3.《佛教兴起时代の思想研究》，云井昭善，京都平乐寺书店，一九六七年。

4.《国译一切经阿含部》，岩野真雄编，东京大东出版社藏版，昭和四十四年。

5.《佛典解题事典》，地平线出版社辑，台北地平线出版社，一九七七年。

6.《原始仏教の研究》，平川彰，东京春秋社，昭和五五年。

7.《仏教と女性》，岩本裕，东京株式会社，一九八〇年。

8.《仏教女性学》，福原莲月，东京教育新潮社，昭和五六年。

9.《律藏の研究》，平川彰，东京民族社，一九八二年。

10.《インド仏教史》，龙山章真著，樱部建补注，教史。法藏馆。

二、工具书

1.《佛教语大辞典》，中村元，东京书籍株式会社，昭和五十年。

2.《南传大藏经目录》，水野弘元编，东京株式会社，昭和五十二年。

3.《南传大藏经总索引》，水野弘元，东京株式会社，昭和五十二年。

4.《望月佛教大辞典》，望月信亨，台北地平线出版社，一九七七年。

5.《详解日华大辞典》，许清梯编，台北许清梯，一九八三年。

6.《禅学大辞典》，驹泽大学内，禅学大辞典编纂所编，日本大修馆书店。

英文部分

一、专书

1. *The Position Of Wowen In Hindu Civilization*, A. S. Altekar, India：Rama Krishna Das，1938.

2. *The Changing Indian Civilization*, Oroon Kumar

Ghosh, India：Minerva Associates，1976.

二、工具书

1. *Continental's Concise English-Chinese Dictionary*，吴炳锺、陈本立、苏笃仁编修，台北大陆书店，一九八五年。

出版后记

星云大师说："我童年出家的栖霞寺里面，有一座庄严的藏经楼，楼上收藏佛经，楼下是法堂，平常如同圣地一般，戒备森严，不准亲近一步。后来好不容易有机缘进到藏经楼，见到那些经书，大都是木刻本，既没有分段也没有标点，有如天书，当然我是看不懂的。"大师忧心《大藏经》卷帙浩繁，又藏于深山宝刹，平常百姓只能望藏兴叹；藏海无边，文辞古朴，亦让人望文却步。在大师倡导主持下，集合两岸近百位学者，经五年之努力，终于编修了这部多层次、多角度、全面反映佛教文化的白话精华大藏经——《中国佛教经典宝藏》，将佛教深睿的奥义妙法通俗地再现今世，为现代人提供学佛求法的方便途径。

完整地引进《中国佛教经典宝藏》是我们的夙愿，

三年来，我们组织了简体字版的编审委员会，编订了详细精当的《编辑手册》，吸收了近二十年来佛学研究的新成果，对整套丛书重新编审编校。需要说明的是此次出版将丛书名更改为《中国佛学经典宝藏》。

佛曰：一旦起心动念，也就有了因果。三年的不懈努力，终于功德圆满。一百三十二册，精校精勘，美轮美奂。翰墨书香，融入经藏智慧；典雅庄严，裹沁着玄妙法门。我们相信，大师与经藏的智慧一定能普应于世，济助众生。

东方出版社

图书在版编目（CIP）数据

佛教的女性观／永明 著．—北京：东方出版社，2015.9
（中国佛学经典宝藏）
ISBN 978-7-5060-8631-8

Ⅰ.①佛… Ⅱ.①永… Ⅲ.①佛教—妇女学—研究 Ⅳ.①B948

中国版本图书馆 CIP 数据核字（2015）第 289530 号

本书中文简体字版权由上海大觉文化传播有限公司独家授权出版
中文简体字版专有权属东方出版社

佛教的女性观
（FOJIAO DE NÜXINGGUAN）

作　　者：永　明
责任编辑：查长莲　杨　灿
出　　版：东方出版社
发　　行：人民东方出版传媒有限公司
地　　址：北京市西城区北三环中路 6 号
邮政编码：100120
印　　刷：北京明恒达印务有限公司
版　　次：2016 年 6 月第 1 版
印　　次：2022 年 1 月第 2 次印刷
开　　本：880 毫米×1230 毫米　1/32
印　　张：6.5
字　　数：91 千字
书　　号：ISBN 978-7-5060-8631-8
定　　价：32.00 元
发行电话：（010）85924663　85924644　85924641